# 第一性原理

## 21堂科学通识课

［英］马库斯·乔恩 著
Marcus Chown
周自恒 译

THE ONE THING
YOU NEED TO KNOW

中国科学技术出版社
·北 京·

The One Thing You Need to Know by Marcus Chown, ISBN: 978–1789294804
Copyright © First published in Great Britain in 2023 by Michael O'Mara Books Limited, through BIG APPLE AGENCY, INC., LABUAN, MALAYSIA.
Simplified Chinese translation copyright © 2024 by China Science and Technology Press Co., Ltd.
All rights reserved.
北京市版权局著作权合同登记　图字：01-2023-2289

图书在版编目（CIP）数据

第一性原理：21堂科学通识课 /（英）马库斯·乔恩（Marcus Chown）著；周自恒译 . —北京：中国科学技术出版社，2024.6（2025.2重印）
书名原文：The One Thing You Need to Know: The Simple Way to Understand the Most Important Ideas in Science
ISBN 978-7-5236-0510-3

Ⅰ.①第… Ⅱ.①马… ②周… Ⅲ.①科学知识—普及读物 Ⅳ.① Z228

中国国家版本馆 CIP 数据核字（2024）第 042088 号

| 策划编辑 | 杜凡如　任长玉 | 责任编辑 | 任长玉 |
| --- | --- | --- | --- |
| 封面设计 | 东合社·安宁 | 版式设计 | 蚂蚁设计 |
| 责任校对 | 吕传新 | 责任印制 | 李晓霖 |

| 出　　版 | 中国科学技术出版社 |
| --- | --- |
| 发　　行 | 中国科学技术出版社有限公司 |
| 地　　址 | 北京市海淀区中关村南大街 16 号 |
| 邮　　编 | 100081 |
| 发行电话 | 010-62173865 |
| 传　　真 | 010-62173081 |
| 网　　址 | http://www.cspbooks.com.cn |

| 开　　本 | 880mm×1230mm　1/32 |
| --- | --- |
| 字　　数 | 170 千字 |
| 印　　张 | 8.5 |
| 版　　次 | 2024 年 6 月第 1 版 |
| 印　　次 | 2025 年 2 月第 8 次印刷 |
| 印　　刷 | 北京盛通印刷股份有限公司 |
| 书　　号 | ISBN 978-7-5236-0510-3/Z·352 |
| 定　　价 | 79.00 元 |

（凡购买本社图书，如有缺页、倒页、脱页者，本社销售中心负责调换）

# 前 言

> 我唯一知道的就是自己一无所知。
> ——苏格拉底（Socrates）

> 我生来一无所知，只有一点儿时间四处奔波试图改变这一点。
> ——理查德·费曼（Richard Feynman）

最近，我受邀为一家律师事务所做了一场关于量子计算机的讲座。主办方提醒我，要假设听众不具备任何科学知识，于是我开始思考："要理解量子计算机，大家需要知道的第一性原理是什么？"所谓第一性原理，就是由它可以引出其他所有相关的知识。

在整理讲稿时我突然想到，对于其他各种科学概念，我也可以采用相同的思路，在这个大家都没有多少空闲时间的世界中，告诉他们要理解某个话题所需要知道的第一性原理，然后告诉他们其他知识是如何从第一性原理出发，沿着逻辑的链条被推导出来的。

要以通俗易懂的方式讲解一些深奥的话题，这或许是一种全新而有趣的尝试。光不可能被追上，这一事实引出了爱因斯坦的相对论。类似地，物质的基本构件——原子及其组成部分，既可以表现为局域性的粒子，又可以表现为扩散性的波，这一不寻常的事实引出了量子理论的大部分内容。大自然对于保证局域规范对称性的执着（不得不承认，这确实很难理解！），引出了400年来物理学的巅峰——粒子物理学标准模型。

当然，并非所有主题都如此清晰明确，有些复杂的主题，如人类演化和大脑，并不是从一个单独的问题出发的。尽管如此，我还是想尽自己所能在这一框架下探讨21个话题，从全球变暖到希格斯粒子，从电到宇宙大爆炸，从黑洞到自然选择和人类演化。希望大家喜欢！

马库斯·乔恩

# 目　录

C O N T E N T S

第 1 章　引力　001

第 2 章　电　015

第 3 章　全球变暖　027

第 4 章　太阳为什么是热的　037

第 5 章　热力学第二定律　049

第 6 章　板块构造　059

第 7 章　量子理论　069

第 8 章　原子　085

第 9 章　演化　097

第 10 章　狭义相对论　111

第 11 章　脑　121

第 12 章　广义相对论　133

| | | |
|---|---|---|
| 第 13 章 | 人类演化 | 145 |
| 第 14 章 | 黑洞 | 155 |
| 第 15 章 | 标准模型 | 167 |
| 第 16 章 | 量子计算机 | 179 |
| 第 17 章 | 引力波 | 189 |
| 第 18 章 | 希格斯场 | 201 |
| 第 19 章 | 反物质 | 213 |
| 第 20 章 | 中微子 | 225 |
| 第 21 章 | 宇宙大爆炸 | 237 |
| 术语表 | | 249 |

# 第 1 章

## 引力

第一性原理
21堂科学通识课

每一个物体与其他物体之间都存在着相互吸引的力。

## 第 1 章　引力

（飞行的）诀窍在于学会怎么把自己扔向地面但又不落地。

——道格拉斯·亚当斯（Douglas Adams）

引力是一种"万有"的吸引力，即任意两个物体之间都存在这种力。街上与你擦肩而过的行人和你之间就有引力，你口袋里的硬币和你之间也有引力。当然，你并不会注意到它们，因为引力实在太弱了——尽管你可能并不这样认为，毕竟你得费好大劲儿才能跳起一米高，但很快就会被引力拉回到地面上。无论如何，引力真的很弱，如果你水平伸出手臂，就会发现质量高达几十万亿亿吨的地球所产生的引力，却不足以把你的手臂拽下来。

虽然引力本身很弱，但它的大小可以随着质量的增加而变大。自然界中还有另一种力——电磁力，它既可以表现为吸引力，也可以表现为排斥力，因此在通常物质中，电磁力是相互抵消的。和电磁力不同，引力总是让物体相互吸引（参见第 2 章），因此引力的效果是可以积累的：物体质量越大，引力越大。正因如此，在口袋里的硬币以及街上路过的行人这些小物体上,引力所产生的作用是微不足道的,但对于像行星、恒星、星系以及整个宇宙这样庞大的物体来说,引力的作用就十分可观了。

实际上,我们可以推导出引力在多大阈值下会开始占据主导地位。先看一个原子,它是由一个带正电的原子核和一些围绕原子核旋转的带负电的电子组成的(参见第8章)。正是电子之间相互排斥的力让原子与原子不会撞在一起,从而让物体能够保持一定的形状。在最简单的原子——氢原子中,只有一个质子和一个围绕其旋转的电子,它们之间的引力非常微弱,只有它们之间电磁力的 $10^{40}$ 分之一。这意味着,如果一个物体所包含的原子数量超过 $10^{40}$ 个,那么引力的大小就会超过电磁力。

对于一个由岩石构成的物体来说,$10^{40}$ 个原子所对应的直径约为 600 千米;而由冰构成的物体相对来说能够塞进更多的原子,其 $10^{40}$ 个原子所对应的直径约为 400 千米。当引力占据主导地位时,所有物质都会在引力的作用下形成最紧密的结构,也就是球形。因此,我们可以预言,太阳系中所有直径大于 600 千米的岩石天体都是球形的,而所有直径小于 600 千米的岩石天体则是土豆形状的。对于由冰构成的天体,这个阈值大约是 400 千米。可以肯定的是,在太阳系之外,这一预言也是成立的。

其实,人们最早认为引力就是磁力。1600 年,英国科学家威廉·吉尔伯特(William Gilbert)用天然磁铁矿的碎块进行实验,他发现这种"磁石"的质量越大,其对铁块所产生的吸引力就越大。他还发现这种吸引力是相互的，即磁石对铁块产生的吸引力和铁块对磁石产生的吸引力大小完全相等。基于这一发现，吉尔伯特指出是磁力将太阳系中的天体拉在了一起。

罗伯特·胡克（Robert Hooke）是艾萨克·牛顿（Isaac Newton）最大的劲敌，胡克对吉尔伯特的发现非常感兴趣。但是，他认为太阳能够让行星围绕其旋转，靠的并不是磁力，因为物体在高温下会失去磁性，而太阳的温度显然是非常高的。不过，胡克还是将磁力看作是一个能够解释太阳系中天体运动的因素。首先，引力能够从一个物体中发出，穿过真空对另一个物体产生作用；其次，物体的质量越大，所产生的引力也越大；而且，这种力是相互作用的，这些性质和磁力的性质都是相符的。

约翰内斯·开普勒（Johannes Kepler）的行星运动定律揭示了关于引力作用的更多线索。1609—1619年，这位德国数学家仔细研究了丹麦天文学家第谷·布拉赫（Tycho Brahe）在文岛天文台对行星用肉眼进行观测的精确记录，经过不懈努力，他推导出支配行星运动的三条定律。

开普勒行星运动第二定律指出，行星在距离太阳较近时运动速度较快，而距离太阳较远时运动速度较慢。更准确地说，这条定律指出，行星与太阳的连线在相等时间内扫过的面积相等，且这一面积与行星运动速度及其与太阳的距离的乘积成正比，这个量用现代术语来说，就是行星的轨道角动量。牛顿发现，只有当行星的力完全指向太阳，且在其路径上没有任何分量时，这个量才是守恒的。

想想看，这是一个何等惊人的发现。在牛顿之前，几乎所有思考过行星运动的人都认为是存在一个力沿着轨道推动着行星运动，这个力的来源可能是天使跟着行星边飞边吹气或是扇动翅膀所产生的力。然而，牛顿从开普勒第二定律中发现了关键信息，即并没有什么力在驱动行星沿着轨道运动，它们运动的根本原因是惯性，即物体保持其运动状态的趋势。牛顿在他的第一运动定律中概括了这一观点："除非受到力的作用，否则物体将保持静止或匀速直线运动状态。"（在地球上，任何物体总会受到力的作用，例如踢出去的足球会受到摩擦力的作用而减速，如果没有这样的力，足球将会永远沿直线运动下去。）基于这一敏锐的洞察，牛顿准确描述了这种永远指向太阳的引力对行星运动轨迹所产生的作用——它不断地将行星拽离原本的直线路径，将它们永远囚禁在绕太阳公转的轨道上。

然后，牛顿还需要搞清楚引力的精确性质——它的大小是如何随行星与太阳这两个巨大天体间的距离发生变化的。牛顿的成功之处在于，他猜想引力是"万有"的，即作用在行星上的力，与让苹果从树上掉下来的力是同一种力。在当时，这样的猜想是十分激进和大胆的，因为它公然挑战了教会的教义。按照教会的说法，天与地不但由不同的元素构成，而且遵循着完全不同的运行规律。但是，这一猜想让牛顿得以将地球作用在掉落的苹果上的力与地球作用在月球上的力进行直接比较。根据苹果与地球中心的距离以及月球与地球中心的距离,牛顿就可以计算出引力的大小是如何随距离而变化的。

乍看之下,地球对苹果的引力与其对月球的引力似乎无法进行比较,因为苹果会落下来但月球不会。然而,牛顿的天才之处在于,他发现这种表面现象是虚假的,月球实际上真的在下落。

牛顿假设有一门大炮沿水平方向发射一颗炮弹。炮弹在飞行过程中会被引力向下拉并最终在飞行了500米后落到地面上。然后,他假设用一门更大的炮以更快的速度发射炮弹,这次炮弹飞行了5000米后才落地。最后,他假设用一门超级大炮以每小时18000千米的速度发射炮弹。在如此快的速度下,炮弹在朝地球下落的同时,地面也在不断弯曲,于是炮弹永远不会落地!实际上,炮弹会永远做圆周运动,而月球的运动与这一情形完全相同。对于"为什么月球以及地球的其他卫星不会掉下来"这个问题,答案是出乎意料的——它们真的在往下掉,只不过永远掉不到地面上而已。

牛顿通过测量苹果下落的时间估算出苹果的加速度,又通过月球在相同时间内向地球下落的距离估算出月球的加速度。对比两者,再加上已知的苹果和月球到地心的距离,牛顿得出了引力与距离的平方成反比这一定律,也就是说,如果两个物体之间的距离变成原来的两倍,则它们之间的引力就会变成原来的四分之一;如果距离变成原来的三倍，则引力就会变成原来的九分之一，以此类推。

牛顿的重要发现不止于此，他还指出行星在一个指向太阳且与距离的平方成反比的引力作用下，其绕太阳公转的轨道是一个椭圆。开普勒首先发现行星公转的轨迹是椭圆，并不是古希腊人所认为的圆形。开普勒在其行星运动第一定律中阐述了这一发现："行星沿椭圆轨道运行，太阳位于椭圆的一个焦点上。"[1] 牛顿之所以会关注对开普勒第一定律的解释，缘于1684年8月埃德蒙·哈雷（Edmund Halley）的来访。哈雷前往剑桥拜访牛顿，希望能够解决他的两个朋友——罗伯特·胡克与克里斯托弗·雷恩（Christopher Wren）之间的争论。尽管没有确凿的证明，但胡克坚持认为如果引力指向太阳，并且其大小与距离的平方成反比，那么行星的公转轨道应该是椭圆的，这与开普勒的发现一致。牛顿告诉哈雷他已经证明了这一轨道确实是椭圆的，但他在三一学院的研究室里找了半天，也没找到他的计算手稿。哈雷的来访不仅提醒牛顿重新计算一遍，更促使他着手用两年的时间完善了此前在引力和运动方面未发表的研究成果，牛顿最终出版了堪称最伟大的科学成果之一的《自然哲学的数学原理》。

实际上，牛顿证明了在向心的、大小与距离平方成反比的引力作用下，物体运动的轨迹是椭圆，但在更普遍的

---

[1] 椭圆的焦点是其长轴上的两个定点，其位置满足以下条件：椭圆上任意一点到两个焦点的距离之和为常量。

意义上来说，其轨迹应该是圆锥曲线。假设有一个底面向下直立的圆锥，用一把锋利的小刀在圆锥上进行切割。如果小刀是从圆锥的一侧切割到另一侧，那么切面的边缘就是椭圆（其中，当切面平行于底面时，其切面边缘为圆，圆是一种特殊的椭圆）。如果小刀从圆锥的一侧切入，从底面切出，且切面与圆锥的另一侧平行，则切面的边缘就是一条单侧开口的抛物线。如果小刀从圆锥的一侧切入，并从底边向下切出，则会得到一条单侧开口的双曲线（见图1-1）。

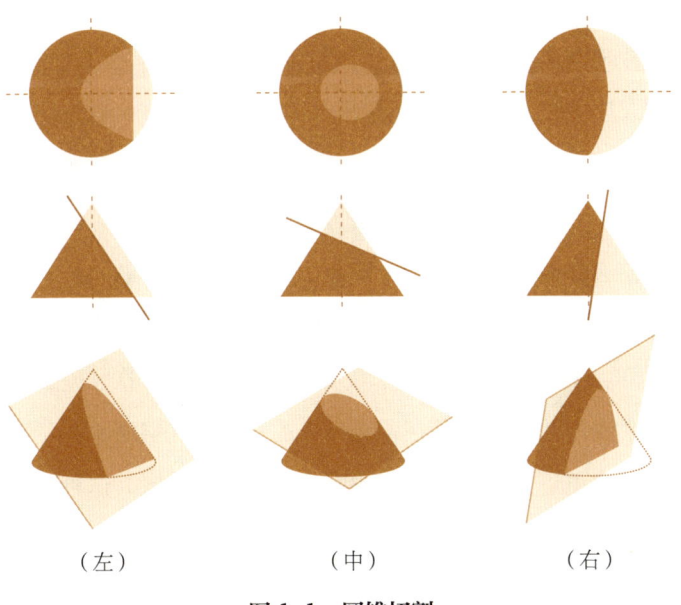

（左）　　　　　（中）　　　　　（右）

**图 1-1　圆锥切割**

说明：以三种方式对圆锥进行切割，分别得到抛物线（左）、椭圆（中）和双曲线（右），这三种情况均为物体在太阳引力下可能的运动轨迹。

这三种形状分别对应着三种不同的物理情况。如果一个物体所具备的速度或能量不足以使其脱离太阳，那么它将被永远囚禁在椭圆轨道上，行星就属于这种情况；但是，如果它具备足够的能量脱离太阳，它就会沿着双曲线轨迹飞向遥远的星辰大海；如果它正好处于脱离和不能脱离的交界处，就对应着抛物线的情况，此时，要想摆脱太阳的引力束缚，只能让它与太阳之间的距离变成无穷大，这意味着需要无穷长的时间。

通过第一运动定律，牛顿不仅可以解释月球绕地球的运动和行星绕太阳的运动，还可以解释海洋中的潮汐现象。潮汐现象主要是由月球和太阳引发的。

引发潮汐的并不是引力，而是引力差。拿月球来说，由于其引力会随着距离的增加而减弱，因此当海洋朝向月球时，底层海水所受到的引力会比表层海水更弱，这种引力差会在海面上形成一个隆起。这个隆起会随着地球自转在海面上移动，于是便造成海岸处的海平面时而上升时而下降。不过，这只能解释每天两次潮汐中的一次。引发另一次潮汐的原因，是在背对月球的一面，底层海水由于距离月球更近，因此所受到的引力大于表层海水，这种引力差会使得表层海水与底层海水相互远离，从而形成了另一个海面隆起（见图1-2）。

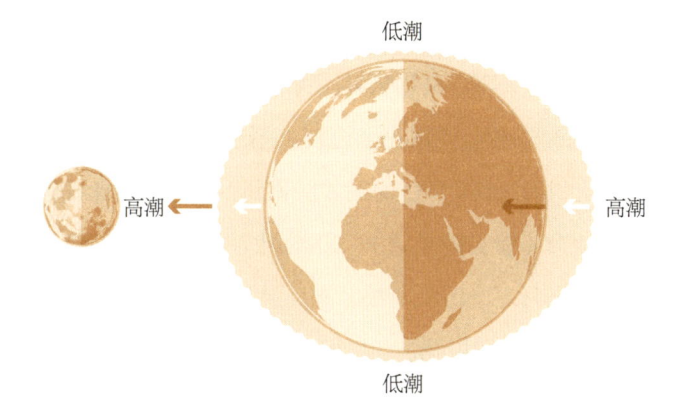

**图 1-2 潮汐力**

说明：朝向月球的海面上会产生隆起，因为月球对表层海水的引力大于对底层海水的引力，而背对月球的海面上产生隆起的原因则正好相反。

实际上，无论在任何地方，两次潮汐之间的时间间隔都不是 24 小时，而是差不多 25 小时。这是因为在地球自转时，月球并不是在空中静止不动的，而是沿着与地球自转相同的方向绕地球公转，其公转一周的时间为 27.3 天。这意味着现在位于月球正下方的海洋中的某一点，在 24 小时之后就不再位于月球正下方了，而这个点要再次回到月球的正下方，就需要地球再额外自转 1/27.3 周，所需的时间为 24 小时的 1/27.3，也就是大约 53 分钟。因此，两次潮汐之间的间隔并不是 24 小时，而是 24 小时 53 分钟。

月球引发的潮汐强度是太阳的两倍，牛顿根据这一点正确推测出月球的密度是太阳的两倍。这是一个举世瞩目的结果，这个结果之所以能够成立，是出于一个不寻常的巧合——在那个时间点上，月球和太阳在天空中的大小完全相同。① 这个巧合也意味着，我们可以周期性地见到日全食，此时太阳会被月球完全遮挡。不过，这样的奇观在地球历史上只有大约 5% 的时间才能见到，因为月球正在慢慢地远离地球（参见第 6 章）。20 世纪 70 年代，阿波罗计划的航天员在月球上留下了数面能反射激光的"隅角镜"，通过计算从地球发射的激光脉冲到月球再反射回来所需要的时间，我们测出目前月球远离地球的速度为每年约 4 厘米。

在地球上，不仅海洋会产生潮汐现象，岩石也会，这通常称为"固体潮汐"。大约公元前 100 年，古希腊哲学家波希多尼（Posidonius）发现了一个奇怪的现象：在低潮时，井水水位会上升，而在高潮时，井水水位会下降。直到 1939 年，人们才对这一现象做出了解释。水井通常挖掘于含水丰富的地层，在高潮时，地层向上隆起，便会像海绵一样将井水吸走；而在低潮时，地层回落，又会将之前吸收的水挤回到井里。井水水位的高低变化取决于若干变量的影响，在某些情况下这种水位差可以高达一米左右。

1992 年，位于日内瓦附近的欧洲核子研究中心

---

① 潮汐力由引力差产生，它的大小并非与距离的平方成反比，而是与距离的立方成反比。设物体质量为 $m$，距离为 $r$，则产生的潮汐力大小约为 $m/r^3$，而 $m$ 约为 $\rho d^3$，其中 $\rho$ 为物体的平均密度，$d$ 为直径，$d$ 可由 $r\theta$ 算出，其中 $\theta$ 为物体在天空中的张角。综上可得，潮汐力约为 $\rho\theta^3$，又由于太阳和月球在天空中的视直径几乎相等，因此两者所产生的潮汐力大小与它们的密度成正比。由于月球引发的潮汐大小是太阳的两倍，因此其平均密度也是太阳的两倍。

（CERN）的物理学家们发现了另一种由固体潮汐引发的现象。CERN 有一台大型正负电子对撞机（LEP），它是在岩层中建造的一座巨大的环形地下隧道。物理学家们发现，在这座地下隧道中飞驰的正负电子，其速度或者说是能量，每隔 25 小时就会发生两次上涨。这个现象让他们深感困惑，后来有人发现是潮汐力让隧道所在的岩层发生了变形，导致 LEP 环的长度每隔 25 小时发生两次大约 1 毫米的伸缩。

固体潮汐最令人震撼的一个例子莫过于外表像比萨一样的木卫一。木星这颗巨行星再加上它附近其他卫星所产生的潮汐力剧烈地拉扯和挤压着木卫一，导致其内部摩擦生热，使岩石液化，让木卫一成了太阳系中火山活动最活跃的天体。实际上，若按同等质量换算，木卫一产生的热量甚至比太阳还多！

毋庸置疑，牛顿的引力定律具有强大的预言能力，但是在某些情况下这一定律也会失效，这是因为 1915 年阿尔伯特·爱因斯坦（Albert Einstein）发现引力的来源并非质量而是能量（参见第 12 章）。质能的确是能量的一种形式，但还有其他形式的能量，它们也具有引力，尤其是在太阳附近，其引力比太阳系中其他任何地方都要强。在这里，储存在引力场中的能量本身也具有引力，这意味着引力的大小会比牛顿所预言的结果要稍大一些，这能够解释距离太阳最近的行星——水星的一些异常运动。水星的公转轨道并不是固定的椭圆，其椭圆轨道会不断改变方向，称为"岁差"，使其运动轨迹呈现出类似花瓣的形状。

牛顿的引力定律会失效，爱因斯坦的引力理论，即广义相对论同样也会失效。广义相对论预言黑洞的中心以及宇宙大爆炸的起点是一个匪夷所思的密度无穷大的"奇点"（参见第14章，第17章）。物理学家希望"量子"引力理论能够解决这个问题（参见第7章）。目前，唯一能够将引力理论（不一定是广义相对论）和量子理论统一起来的框架是"弦理论"。在弦理论中，基本粒子不再是点状，而是在十维时空中振动的质能弦。这一理论也允许二维、三维、四维等低维度物体的存在，它们被称为"膜"，这些膜可能与引力的未解之谜有关。

很多物理学家相信，自然界的四种基本力都只是同一种超力的不同部分，但很难想象什么样的公式能够描述这样一种超力。弦理论为解决这一难题提供了一种可能性，也许我们的宇宙只是漂浮在十维时空中的一座三维的岛屿，即"3-膜"。如果其他的力都只局限于我们的3-膜，而只有引力会泄漏到十维的"体（bulk）"中，那么其强度就会被稀释，这可以巧妙地解释为什么引力会弱得如此难以置信。

# 第 2 章

电

第一性原理
21 堂科学通识课

利用这种强度是引力 $10^{40}$ 倍的力，我们为全世界提供能量。

# 第 2 章 电

那就拿一瓶闪电、一只干净的大酒杯和一只开塞钻进来吧。

——查尔斯·狄更斯（Charles Dickens）[①]

电为全世界数十亿人的家中带来了光明，还为洗衣机、电视机和手机提供能量。未来，电还有可能成为飞驰在路上的数十亿辆汽车的能量来源。电之所以能做到这一切，只有一个原因：它代表了大自然极其强大的力量。

为了感受电的强大力量，我们先来看一只蚊子。和你我以及世间万物一样，蚊子也是由原子构成的（参见第 8 章），其中原子核带正电，核外电子带负电。异性相吸，正是原子核与电子之间的吸引力使得原子得以维持其结构。现在假设有一种神奇的力量能够让蚊子中的所有电子消失，只剩下带正电的原子核。由于同性相斥，这些原子核会一哄而散，蚊子就会被炸成碎片。而引发蚊子爆炸的能量十

---

[①] 查尔斯·狄更斯. 狄更斯文集：尼古拉斯·尼克尔贝 [M]. 杜南星, 徐文绮译. 上海：上海译文出版社, 1998：755.

分巨大，一个火花、一捆炸药甚至是一颗氢弹的能量都无法与之相提并论，这种能量堪比导致全球生物大灭绝的能量，即相当于 6600 万年前那颗一座城市般大小的小行星撞击地球导致恐龙灭绝时所释放的能量！

之所以会产生这样的结果，是因为电磁力十分强大，其强度是引力的 $10^{40}$ 倍（参见第 1 章）。但值得一提的是，我们并不会注意到这种十分强大的力，因为在日常物质中，正电荷和负电荷的数量是相等的，这使得电的排斥力和吸引力达到一种精妙的平衡，两者相互抵消。这就是为什么当你在街上和另一个人擦肩而过时，并不会被其吸引或者排斥，甚至根本不会感受到这种强大的力一丝一毫的迹象，即便它是你们之间的引力的 $10^{40}$ 倍。

然而，如果有可能制造出电荷的不平衡，就像刚才提到的蚊子一样，我们就可以释放出电的强大力量，而这正是电能够为世界提供能量的秘密。积雨云中就存在这种电荷的不平衡，也正是它导致了闪电的放电现象。发电厂也会制造出电荷的不平衡，从而产生电流，即电荷的流动，来为我们的世界提供能量。

电与磁存在本质上的联系，但却很少有人注意到这种联系。因此当 1820 年，丹麦物理学家汉斯·克里斯蒂安·奥斯特（Hans Christian Orsted）发现这一联系时，科学家们都感到十分震撼。奥斯特在为学生上课时，发现有电流流过的导线让附近的磁针发生了偏转，他指出电流能够产生类似磁石的效果，并猜测磁本身就是由在铁等物质内部流动的电流所产生的。

英国科学家、电学之父迈克尔·法拉第（Michael Faraday）对奥斯特的发现进行了研究，从中发现了电与磁的一些本质联系。将两块磁石相互靠近，你会感觉到它们之间凭空存在一种强大的力，法拉第确信这里必然有什么东西。他提出，有一个无形的磁场从磁石向周围各个方向延伸出来。同理，他猜想，一块与毛皮摩擦后带上静电的琥珀，也会向周围延伸出电场。[①]

在 19 世纪，当时其他的电学开拓者大多着眼于导线中的电流，只有法拉第发现电场和磁场才是问题的关键，是它们传递着电磁力所产生的巨大能量。相对地，电流只不过是一种次生现象：电子在电场的驱使下流动，而电场碰巧贯穿了铜线这样的导体。于是，当一条导线连接电池两极形成回路时，导线周围就形成了电场，导线中的自由电荷——电子，在电场的驱使下移动，便形成了电流。（电子是在 1897 年才被发现的，因此法拉第以及与他同时代的科学家一直由于不知道导线中流动的东西到底是什么而深感困惑。）

我们可以准确描述电场与磁场之间的关系：变化的电场产生磁场，而变化的磁场产生电场。其中前半句指的是奥斯特的发现，因为当形成电流的电荷在导线中流动时，电场便会不可避免地随之移动；而后半句指的则是电磁感应现象，由法拉第于 1831 年发现，它是我们这个电力世

---

[①] "场"后来成为 20 世纪和 21 世纪物理学的核心概念。

界的基石，因为全世界成千上万座发电厂都是通过改变穿过导体的磁场来发电的。具体来说，就是使用某种动力源，例如通过核反应或燃烧天然气、石油或煤炭所产生的水蒸气推动由导线构成的线圈，即发电机在磁场中旋转。

实际上，电和磁不仅是在本质上存在联系，准确地说，它们就是同一种东西的两个不同方面，这一点直到1905年才被爱因斯坦发现。正如他揭示了空间和时间是一个被称为"时空"的整体的两个不同部分一样，电和磁也是一个被称为"电磁力"的整体的两个不同部分（参见第10章），而我们看到的是电场还是磁场，取决于我们相对于其源点的移动速度。

变化的电场产生磁场，而变化的磁场也产生电场，你现在能阅读到这些文字，也是拜这一发现所赐。英国苏格兰物理学家詹姆斯·克拉克·麦克斯韦（James Clerk Maxwell）于1863年发现，光是一种电磁波，即在充满空间的、无形的电磁场中传播的一串涟漪，就像池塘水面上的涟漪一样。在这样的波中，电场的变化，或者说是衰减产生了磁场，而磁场的变化或者说是衰减，产生了电场，电场的衰减又再次产生磁场，周而复始。因此，电磁波是可以自我维持的，它可以持续地重新产生自己。

麦克斯韦发现红光是一种缓慢振荡的电磁波，而蓝光则是一种快速振荡的电磁波。重点来了，麦克斯韦的电磁理论没有限制电磁波的振荡速度，因此电磁波只是空间中的涟漪，它可以比红光振荡得更慢，也可以比蓝光振荡得更快。实际上,麦克斯韦指出,像这样肉眼不可见的颜色有上亿种,从振荡速度很快的 γ 射线,到振荡速度很慢的无线电波。德国物理学家海因里希·赫兹(Heinrich Hertz)于 1888 年生成并探测到了无线电波,后来在 1901 年,意大利人古列尔莫·马可尼(Guglielmo Marconi)将无线电波用于欧洲和北美洲之间的通信。可以说,正是无线电波创造了 21 世纪我们所生活的这个紧密联系的世界。

麦克斯韦将电场和磁场的作用规律提炼为其著名的电磁方程,这堪称 19 世纪物理学的巅峰。美国物理学家理查德·费曼(Richard Feynman)说:"从人类历史的长远观点来看,例如过 1 万年之后回头来看,毫无疑问,在 19 世纪中发生的最有意义的事件将是麦克斯韦对电磁学定律的发现。"[1]

然而,电的"杀手级应用"并非无线电波,而是电灯。从效果上看,电灯的出现成倍提高了人类的生产力,因为它使得在黑夜中工作成为可能。要点亮千家万户的电灯,就需要长距离传输电力,解决这一问题的是塞尔维亚裔美国工程师尼古拉·特斯拉(Nikola Tesla)。

特斯拉在美国的竞争对手托马斯·爱迪生(Thomas Edison)主张使用在导线中单向流动的电流,但这一方案有一些弊端:由于推动电子在导线中移动需要消耗能量,

---

[1] 费恩曼.费恩曼物理学讲义(第 2 卷)[M].郑永令等,译.上海:上海科学技术出版社,2005:12.

因此这种"直流电"的电场会随着距离的增加而减弱,这意味着和距离发电厂较近的住户相比,距离发电厂较远的住户所接收到的电场较弱,导致电灯的亮度也较暗。对于这个问题,爱迪生给出的解决方案是将发电厂建在尽量接近用户的地方,但在19世纪80年代的纽约,这意味着大约每隔1千米就需要建造一座发电厂。

特斯拉发现如果能够产生极强的电场,即高压电,尽管电场会因驱动电子移动损失能量而变弱,但只要电场足够强,这些损失就可以忽略不计。在现在的英国,长距离输电所使用的电压高达35千伏,也正是出于这个原因。

这里有一个问题,在电力进入住户之前,必须先将其电压降到家用电器所使用的240伏[1],但这对于直流电来说很难做到。不过,特斯拉发现,这一点可以使用电流方向周期性变化的交流电来实现。在英国,电荷一会儿往一个方向移动,一会儿又往另一个方向移动,这样的变化每秒会发生50次。[2]

特斯拉采用的降低电压的方法是让电流通过一个缠绕圈数较多的线圈,然后在旁边放置一个缠绕圈数较少的线圈。第一个线圈中快速变化的电场会感应出快速变化的磁

---

[1] 各国民用电压标准有所不同,中国的民用电压标准为220伏。——译者注

[2] 和英国以及欧洲大部分国家一样,中国的民用交流电变化频率也是每秒50次(50赫兹),也有一些国家(如美国)使用的交流电频率为60赫兹。——译者注

场，而这个磁场又会在第二个线圈中感应出快速变化的电场。由于第二个线圈中导线的缠绕圈数较少，于是其中所产生的感应电场，即电压就会小于第一个线圈。通过这样的"变压器"，电网中 35 千伏的电压就被降到了各种电器可以使用的 240 伏。

如果你够仔细，就会发现交变电流中变化的电场产生变化的磁场，继而又产生变化的电场，这正是产生电磁波的过程（见图 2-1）。我们在导线中传输的其实正是电磁波——不是像光那样在自由空间中传播的电磁波，而是一种沿导线传播的电磁波。我们不会将它当成一种波，是因为它从上向下再向上走完一个完整的振荡周期需要大约 1 万千米的距离，这差不多比任何导线都要长。在导线上的任意一点，电场只是在来回改变方向，使得电荷以每秒 50 次的频率来回振动。

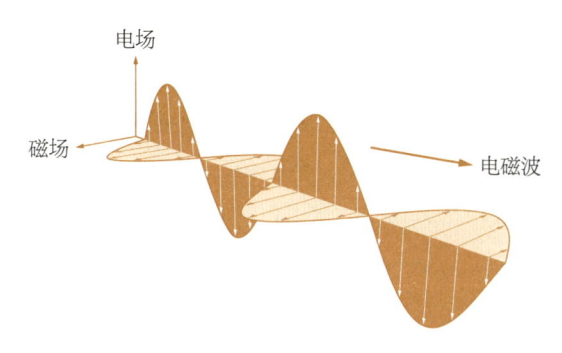

**图 2-1　电磁波的自我维持**

说明：在电磁波中，变化的电场产生变化的磁场，而变化的磁场又产生变化的电场，周而复始。

毫无疑问，特斯拉的交流电系统比爱迪生的直流电系统更加复杂，但它有史以来第一次实现了长距离输电，从而让现代世界的诞生和发展成为可能。对于这个在 1884 年来到美国闯荡的 28 岁年轻人来说，这无疑是一个举世瞩目的成就。特斯拉的灵感来自他童年时期在塞尔维亚观察到的一种神奇现象，即在干燥、寒冷的空气中很容易积累静电。"那个冬季比以往任何时候都要寒冷和干燥。走在雪地上的人会留下清晰的足迹，而砸到其他物体上的雪球会像命中了刀锋的方糖一般四散开来。在某个黄昏，我按捺不住地抚摸了猫的背。它的背瞬间变成了一床闪闪发光的毯子，而我的手带起了阵阵火花。父亲轻描淡写地说，'不过是电罢了，跟你在雷雨天看到的劈到树上的闪电一样'。母亲似乎震惊了，她说，'别跟猫玩了，回头它弄出火灾来可不得了。'她说。我则开始异想天开，想象着大自然会不会是一只巨大的猫？如果是的话，谁给它抚背？那个人只能是上帝吧——我想出了这样一个结论。……你根本无法想象这个奇妙的景象给我稚嫩的想象力带来了多大的影响。我日复一日地问自己：什么是电？但却无从解答。几十年过去了，我还在问自己同样的问题，还是一如往常地没有寻找到答案。"[1]

长距离输电的实现打开了众多难以想象的技术的可能

---

[1] 出自特斯拉于 1939 年写给宝拉·佛蒂奇（Paula Forteach）女士的一封信。

性。如今，我们不仅可以无线传输声音，还可以将黑夜挡在门外，如此这般不胜枚举。理查德·费曼写道："在上万的地方成万台发动机发动着工厂和家庭中的机器——所有这些，都是由于电磁学定律的知识而运转起来的。"①

然而当电被应用于技术领域时，人类开始意识到其在自然界中的核心地位。人们原本并没有注意到这一点，因为正如之前所说，在通常情况下，巨大的电磁力处于完美平衡、相互抵消的状态。不过，电荷的不平衡在微观领域却是普遍存在的，因为当物质仅含有少数原子时，从统计上看正负电荷的数量是不太可能完全相等的。即便数量相等，依然可能存在强大的电磁力，因为一个原子的负电荷相对于自身的负电荷来说可能距离另一个原子的正电荷更近，由于电磁力会随着距离增加而减弱，此时吸引力会大于排斥力，于是两块微小的物质之间可能产生强大的吸引力，即使它们各自都不带有净电荷。

由此可见，原子完全处于极其强大的电磁力的支配之下。电磁力不仅维持着原子自身的结构，还可以让原子和原子相互结合形成分子。化学的本质也是电，因为它研究的是原子中电子的重新排列。你的身体能够保持完整也是拜电磁力所赐，如果组成你的分子外面没有电子产生的排斥力，你就会被地球的引力给压扁。

---

① 费恩曼. 费恩曼物理学讲义（第2卷）[M]. 郑永令等，译. 上海：上海科学技术出版社，2005：12.

不过，电在日常生活中所扮演的角色远不止于此，它甚至驱动着生命本身。1781 年，路易吉·伽伐尼（Luigi Galvani）发现电流刺激能够让死青蛙的腿发生抽搐。电能够驱动死亡的肉体，这一发现为当时年仅 19 岁的玛丽·雪莱（Mary Shelley）提供了灵感，她因此开始创作小说《弗兰肯斯坦》(*Frankenstein*)，随后于 1818 年出版。电驱动着生物学，我们都是电能生物。食物中的电子跨越细胞壁产生电场，促使三磷酸腺苷（ATP）这样的供能分子被生产出来。最重要的是，电子在你大脑中的神经元之间流动，才使得你能够阅读和思考这些文字，并将它们转化为长期记忆——如果它们足够有趣的话！

# 第 3 章

第一性原理
全球变暖
21堂科学通识课

二氧化碳等分子吸收地表辐射出的热量,并将其积蓄在大气层中。

# 第 3 章 全球变暖

地球可能很快就会变得像金星一样。

——史蒂芬·霍金（Stephen Hawking）

地球大气层中的某些气体分子能够积蓄地表散发出的热量，正是因为有了它们，地球才不至于被冻住，使得生命的诞生成为可能。实际上，如果没有最重要的蓄热气体——水蒸气，我们的地球就会变成一颗平均气温只有零下18摄氏度的大冰球。

我们周围的空气并不是一副冷面孔，而是会被太阳光加热，这一点是在1856年由一位鲜为人知的美国科学家尤妮斯·富特（Eunice Foote）发现的。富特本来姓牛顿，她的父亲小艾萨克·牛顿（Isaac Newton, Jr.）正是那位发现万有引力定律的著名英国物理学家艾萨克·牛顿的远房亲戚。富特在一些长玻璃管中充入氧气、氢气等不同气体，并在其中插入温度计。她将这些玻璃管放在太阳下晒，发现在所有气体中，水蒸气和二氧化碳，她称之为"碳酸"，升温幅度最大。她由此推测，大气中这两种气体含量的变化，也许会导致气候变化。富特因此成为史上第一个指出这种联系的人。

爱尔兰物理学家约翰·丁达尔（John Tyndall）在不知道富特的发现的情况下，于三年后独立确认了这一事实，更重要的是，他还将这一研究向前推进了一步。富特并没有确定是来自太阳的可见光直接加热了空气，还是太阳光先加热了地表，然后地表辐射出的不可见的红外线加热了空气。丁达尔制作了一个红外辐射源，这是一个装满开水的铜制立方体（称为"莱斯利立方体"），并以此证明了水蒸气和二氧化碳并不直接吸收太阳光，而是吸收地表辐射出的红外线。回想起来，空气并不是直接被太阳光加热的这一事实并不奇怪。毕竟几乎所有人都知道，大气是透明的，它并不吸收可见光，否则我们怎么能透过大气看到太空中的日月星辰呢？

所以事情是这样的，白天来自太阳的可见光一路穿过大气层加热地表，然后热量以红外线的形式辐射出来，被大气中的水蒸气和二氧化碳吸收（见图3-1）。丁达尔写道："大气层允许太阳的热量进入，却限制热量的离开，这导致热量积蓄在地球表面。"显然，这就是著名的"温室效应"，虽然这个名字并不恰当。在温室中，空气升温主要是因为玻璃屋顶阻止了空气上升（对流）带走热量，而不是因为存在能吸收热量的分子。

太阳

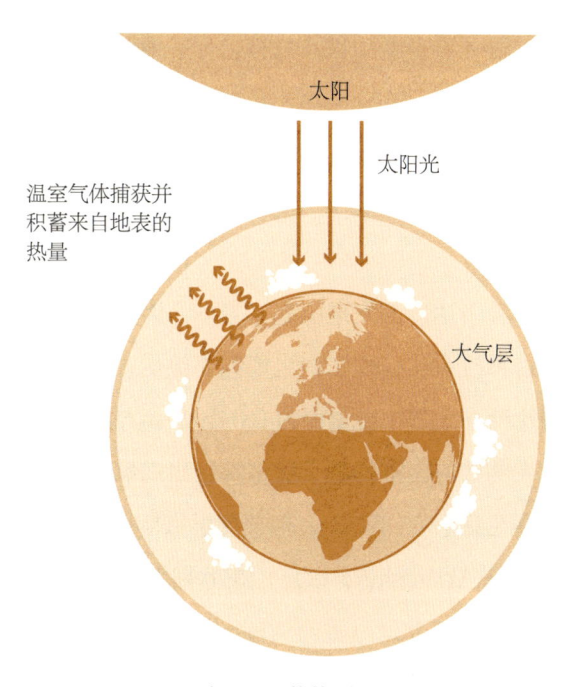

太阳光

温室气体捕获并
积蓄来自地表的
热量

大气层

**图 3-1 蓄热原理**

蓄热：太阳加热地表，然后地表辐射出的热量被大气中的水蒸气、二氧化碳等"温室气体"吸收。

　　一般来说，红外线容易被只含有两三个原子的简单分子吸收，因为红外线的能量与这些分子的振动相匹配。简单来说，你可以认为水（$H_2O$）或二氧化碳（$CO_2$）分子中的原子是由可以伸缩的弹簧连接起来的。

　　大气中含量最高的分子是氮气（$N_2$），其占比为 78.08%，其次是氧气（$O_2$），其占比为 20.95%。那么问题来了：为什么氮气和氧气没有表现出温室气体的效应呢？[1] 要回答这

---

[1] 大气剩余 0.97% 的成分中绝大部分是氩气，占比 0.93%。

个问题需要一点专业知识。只有当分子中两个原子之间弹簧的伸缩会同时改变分子中正负电荷的分布（称为"偶极矩"）时，这种分子才会吸收红外线。幸运的是，氮气和氧气分子都不满足这一条件，否则我们的地球就会变得像烤炉一样炎热！

富特和丁达尔的发现引起了轰动，因为它不仅说明了像空气这种没有实体的东西也能积蓄热量，更说明了像二氧化碳这种在大气中含量仅为 0.04% 的微量成分也能产生如此巨大的效应。富特和丁达尔都指出二氧化碳与气候之间可能存在联系。1896 年，瑞典化学家斯万特·阿伦尼乌斯（Svante Arrhenius）指出，在冰期的末尾，是二氧化碳浓度的上升帮助地球重新回暖。[1] 同时他还指出，燃烧煤炭、石油等化石燃料会产生大量的二氧化碳，从而导致"热室效应（hot-house effect）"。这个词后来没有被沿用下去，今天我们则普遍称之为"全球变暖"。阿伦尼乌斯也因此成为史上第一个提出人类活动会改变气候的科学家。

现在我们知道他说得没错。根据夏威夷莫纳罗亚火山顶部的监测数据，二氧化碳浓度已经从 1958 年的 0.0315% 上升到 2021 年的 0.042%，并且二氧化碳浓度的上升与全球气温的上升趋势吻合，这印证了阿伦尼乌斯的预测。

---

[1] 在过去 65 万年中曾出现过 7 次冰期，最后一次冰期结束于大约 1.17 万年前。人们普遍认为，这几次冰期都是由于地球从太阳接受的热辐射量的变化导致的，而其根本原因是被称为"米兰科维奇周期"的地球轨道变化。

由于没有科学观测的数据，要了解历史上地球气候的变化情况，我们需要通过间接指标来推算气温和大气中二氧化碳的浓度。例如，二氧化碳浓度可以通过树木的年轮和生物的甲壳进行推算，而气温则可以通过冰芯进行推算，因为不同温度下形成的雪存在可被测量的差异。

这些证据所绘制出的图景令人感到不安。与工业时代之前相比，燃烧化石燃料所产生的二氧化碳已经使全球气温上升了大约 1.18 摄氏度，而 2016—2020 年更是成了有记录以来最热的时期。格陵兰和南极的冰盖以及全球的冰川都在加速消融，北冰洋海冰的面积和厚度也在过去几十年间快速下降。不仅如此，人类产生的二氧化碳还会被海洋吸收形成碳酸，导致海水酸化，对珊瑚等生物的生存环境造成威胁。

目前，世界各国正在努力将相比工业时代前的气温上升水平控制在 2 摄氏度以内，这需要在 2050 年前减少 80% 的二氧化碳排放，这是一个十分艰巨的任务。尽管如此，我们必须找到一种替代燃烧化石燃料产生水蒸气推动汽轮机运动的发电方法，可能的选项包括通过光伏板直接利用太阳光发电以及利用风能和海浪发电。

然而，并不只有燃烧化石燃料产生的二氧化碳会导致全球变暖，用石灰岩生产水泥的过程也是二氧化碳排放的一种来源。此外，甲烷、一氧化氮等其他温室气体的浓度也在上升。一氧化氮的排放主要来自汽车尾气，而甲烷的排放则主要来自农场中饲养的牲畜的代谢活动。

令人担忧的是，我们可能早晚会迎来某个拐点，此时正反馈循环会让问题进一步恶化。例如，海冰减少会让反射回宇宙空间的太阳光减少，从而加速全球变暖。随着永久冻土的融化，土壤会释放出固定在其中的甲烷，它比二氧化碳的温室效应更显著，从而进一步加速全球变暖。

最讽刺的是，尽管人类造成的温室效应正在威胁人类文明自身的存续，但正如之前所说，温室效应其实是在过去 40 亿年间维持地球宜居环境的功臣。自然界甚至存在一种调控大气中二氧化碳浓度的机制，它能确保地球不会因为二氧化碳浓度过高而过热，也不会因为二氧化碳浓度过低而过冷。二氧化碳会与岩石和水发生反应生成碳酸，形成石灰岩以及其他碳酸盐。当板块构造相互挤压时，这些含有二氧化碳的岩石就会沉入地球内部（参见第 6 章）。通过火山活动等方式注入大气的二氧化碳越多，这种碳循环就会以更快的速率将二氧化碳埋入地下。大自然就是通过这种方式来调节大气中的二氧化碳浓度，维持全球气温的稳定。不幸的是，碳循环只能在长期尺度上发挥作用，并不足以在短期内去除人类以空前速率向大气排放的二氧化碳。

尽管如此，碳循环本身在历史上也曾发生过异常，分别在 22 亿年前、7.46 亿年前和 6.35 亿年前。这三次碳循环异常都表现为二氧化碳浓度过低，导致地球完全被厚厚的冰层覆盖，直到火山活动喷出足够的二氧化碳融化了冰层，才为"雪球地球"时代画上了句号。

将地球与其最近的邻居金星进行比较，更能体现出板块构造和碳循环的重要性。金星和地球大小差不多，早期的金星上可能也有海洋和河流。然而，由于金星与太阳的距离比地球近30%，这使得金星中的海洋蒸发，大量水蒸气进入大气层，导致热量积蓄，让气温进一步升高，形成了一种危险的正反馈循环。在大气层顶部，水分子在太阳紫外线辐射的作用下被分解成氢原子和氧原子，逸散到宇宙空间中。不仅如此，气温的升高还导致二氧化碳从岩石中析出，现在金星大气中二氧化碳浓度高达96%，其表面温度超过了金属铅的熔点，其表面大气压强相当于地球上大约1000米深的海底的大气压强。

金星大气中的二氧化碳总量与地球岩石中所固定的二氧化碳总量相当，因此，金星失控的温室效应为我们敲响了警钟。美国行星科学家卡尔·萨根（Carl Sagan）写道："不可控温室效应很可能会出现，我们必须认真对待，全球温度哪怕只提高一两摄氏度，都会带来灾难性的结果。"[1]

关于温室效应，曾有一个谜团困扰了科学家很多年，它就是"黯淡太阳悖论"。太阳模型显示，地球诞生之初，太阳的亮度只有现在的70%，按道理说，地球应该非常寒冷才对。然而，根据地球上保存至今最古老的岩石——锆石所提供的证据，早在44亿年前地球上就已经存在液态水

---

[1] 卡尔·萨根. 宇宙[M]. 陈冬妮，译. 广西：广西科学技术出版社，2016：106.

了。对此，最好的解释是原始地球拥有很厚的大气层，且在火山活动的作用下含有高浓度的二氧化碳，其含量高达70%，而不是现在的0.04%。但仅靠这些似乎还不够。

2021年，位于德国哥廷根的马克斯·普朗克太阳系研究所的研究者勒内·海勒（René Heller）及其同事提出，地球诞生后不久曾遭到一个质量接近火星的天体的撞击，月球便是由此诞生的。最初，月球与地球的距离可能只有现在的1/15，它在岩浆或液态海洋中引发了高达2千米的潮汐。潮汐是天体之间由引力作用引发的拉扯和挤压。在第1章中提到过，潮汐效应使木卫一成了太阳系中火山活动最活跃的天体。在原始地球上可能也产生了类似的潮汐热，潮汐热与温室效应叠加，才使得地球逃过了被冰冻的命运。

尽管温室效应可能是地球在早期没有被冰冻的主要原因，但"黯淡太阳悖论"对于火星来说是个更大的问题。大量证据表明火星表面曾存在液态水，而在火星诞生后的前5亿年中，其表面甚至存在河流和海洋。问题是火星与太阳的距离是地球的1.5倍，这意味着它从太阳接受的热量只有地球的一半。火星究竟是如何逃过被冰冻的命运的，至今依然是一个未解之谜。

# 第4章

## 太阳为什么是热的

第一性原理 21堂科学通识课

因为它的质量非常大。

# 第 4 章 太阳为什么是热的

太阳是一块燃烧的石头,它比希腊要大一点。

——阿那克萨哥拉(Anaxagoras),公元前 434 年

太阳之所以是热的,原因非常简单:因为它的质量非常大。就像自行车打气筒中的空气会因被压缩而变热一样,太阳中所有物质的庞大质量挤压着其内核中的物质,所以太阳也就变热了。太阳的核心温度高达 1500 万摄氏度,在如此高的温度下,所有物质都被分解为一种被称为等离子体的状态。因此,虽然太阳是由大约 1000 亿亿亿吨氢和氦构成的,但如果你把 1000 亿亿亿吨烤豌豆罐头或是 1000 亿亿亿吨电视机堆在一起,它们也能像太阳一样产生 1500 万摄氏度的高温。

由于太阳的温度仅取决于其庞大的质量,因此即便完全不知道太阳的能量来源是什么,我们也可以在探索太阳内部结构方面取得一些惊人的成果。[1]1920 年,英国天体

---

[1] 实际上这并非完全正确,太阳的组成物质对其温度会有微小的影响,因为较重的原子拥有较多的电子,从而更有效地阻碍热量离开太阳,这一效应被天文学家称为"不透明度"。

物理学家亚瑟·爱丁顿（Arthur Eddington）就做到了。他提出，由于太阳是一个巨大的气体球，它既不膨胀也不收缩，因此在其内部任意位置上，向内的引力一定是与高温气体产生的向外的推力完全平衡的。他据此推测出太阳内部各层的性质变化，从结果上说，他"看见"了太阳的内部结构。

但是太阳的质量只能解释为什么它在此时此刻是热的，而它每时每刻都在向宇宙空间释放热量。太阳的温度没有因此而下降，这意味着有什么东西在不断产生热量，其速率与太阳散失热量的速率一致。这个问题一度令科学家感到困惑。天王星的发现者威廉·赫歇尔（William Herschel）之子亨利·赫歇尔（Henry Herschel）写道："这个巨大的奥秘……是思考太阳这团巨大的火球是如何维持燃烧的。化学上的每个发现都令我们愈发困惑，甚至让原本有可能的解释也变得希望渺茫。"

在19世纪那个蒸汽时代，物理学家们都思考过太阳是不是一堆巨大的煤炭。虽然没人能够解释煤炭燃烧所需的氧气是从哪里来的，但是他们计算出，如果太阳的燃料是煤炭的话，它顶多只能燃烧5000年。当时，无数地质学和生物学证据都表明，地球的年龄远不止5000年。今天，通过测定陨石——地球的建造者从它诞生之初遗留到现在的碎石，我们得知地球的年龄约为45.5亿年，由此便可推测出太阳的年龄也是这个数量级，这差不多是煤炭太阳可维持燃烧时间的100万倍。从另一个角度说，无论太阳的能量来源是什么，它的能量密度一定是煤炭的 100 万倍。直到 20 世纪初，人们才发现了太阳的能量来源：核能。

现在我们知道，太阳的能量来源是将最轻的元素氢原子的原子核聚合成第二轻的元素氦，而这个核聚变过程的副产物就是太阳光。

一个氢原子核只含有一个质子，而一个氦原子核含有两个质子和两个中子，因此，将氢聚变成氦的过程并不是一蹴而就的。在第一步中，两个质子碰撞并结合。然而，只含有两个质子的原子核是不稳定的，因此要完成这一步，其中一个质子必须变成中子。只有大自然的"弱"核力才能完成这种神奇的转化，而这种力被称为弱力也是有原因的。[①] 在量子世界中，"弱"是"罕见"的同义词（参见第 15 章）。实际上，在太阳内部，两个质子发生撞击，然后由弱力将其中一个质子变成中子，这个现象十分罕见，所有的质子都两两结合需要 100 亿年才能完成（太阳的年龄约为 50 亿年，因此它已经消耗了差不多一半的燃料）。

氢聚变为氦的第一步就如此难以完成，这意味着太阳产生热量的效率很低。为了让你对这种低效有一个直观的

---

① 质子含有两个上夸克和一个下夸克，中子含有一个上夸克和两个下夸克。要将质子转化为中子，就需要将一个上夸克转化为下夸克。要实现这一目标，上夸克需要释放一个正电子——电子的反粒子和一个电中微子，这一过程由弱相互作用完成。

认识，可以想象有一块和你的胃大小和形状都相同的太阳核心，相比之下你的胃产热效率更高！你可能会问，既然太阳产热效率这么低，它为什么还能保持这么高的温度呢？这是因为太阳并不只有这一小块，而是由无数个和你的胃一样大的小块堆叠而成的。

通过拖延氢聚变为氦的第一步的发生，弱力确保太阳需要 100 亿年才能将其内核中的氢全部转化成氦。这是一件非常幸运的事，因为这为像我们人类这样的复杂生命的演化提供了充足的时间。

实际上，在 20 世纪初，人们并不认为太阳的温度足以引发核聚变反应。因为质子带正电，两个质子之间会产生强大的排斥力。要想让它们足够接近并克服排斥力，通过核力结合在一起，它们就必须具有极高的速度，这和具有极高的温度是同一个意思。但是，计算表明，核聚变反应所需的温度高达 100 亿摄氏度，而爱丁顿所估算的太阳核心温度为 1500 万摄氏度，两者相差约 1000 倍。

太阳是如何在理论值的 1/1000 的温度下维持其核聚变反应的呢？要解释这一问题，需要借助量子理论。具体来说，和其他亚微观粒子一样，质子也具有波的性质（参见第 7 章）。我们可以将质子的排斥力想象成一堵墙，而另一个接近的质子没有足够的能量越过这堵墙，就像让跳高运动员挑战 5 米高的横杆一样。这时轮到质子所具有的量子波动性质出马了。波在本质上是可以传播的，它可以穿过墙进行传播，于是便存在一个很小的概率，使得质子可以自动跑到墙的另一侧。

这种效应被称为量子隧穿效应，即使太阳的温度只有核聚变反应所需温度理论值的 1/1000，在量子隧穿效应的帮助下，质子依然可以相互靠近并结合。英国威尔士物理学家罗伯特·阿特金森（Robert Atkinson）和德国物理学家弗里茨·豪特曼斯（Fritz Houtermans）于 1929 年最早发现了这一点。豪特曼斯写道："那天晚上，我们写完论文之后，我和一位漂亮的姑娘出去散步。夜幕降临，星星接连出现在天空中，闪闪发光。'星光闪耀真是太美了！'我身边的姑娘赞叹道。我挺起胸骄傲地说，'就在昨天，我终于明白星星为什么会闪耀了！'"

那天晚上，豪特曼斯一定和那位姑娘聊得很投缘，因为两年后那位姑娘——夏洛特·里芬斯塔尔（Charlotte Riefenstahl）嫁给了他。准确地说，她总共嫁给他两次，第二次是在 1953 年，此前的战争期间，他们曾被强制分居。

太阳产生热量的速率和它向宇宙空间散失热量的速率正好相等，这仿佛告诉我们它自带一个天然的恒温器。事实的确如此。如果产生的热量太多，太阳的气体就会膨胀并冷却，使核反应速率下降；如果产生的热量太少，太阳的气体就会收缩并升温，使核反应速率上升。

在氦之后，如果聚变反应还能继续进行，那么这一元素合成过程的下一步就应该是让两个氦核聚变成铍-8。不过，铍-8 的原子核是不稳定的，所以下一个元素合成的步骤实际上是一个罕见的过程——3个氦核同时结合到一起形成碳-12。这一反应也被称为"3α过程（triple-alpha process）"，因为氦核也被称为α粒子（alpha particles）。这一过程需要大约1亿摄氏度的高温，只能在比太阳质量更大的恒星中才能进行。

在质量最大的恒星中，合成元素的核反应可以一直进行到铁，铁的原子核含有的质子和中子数量加起来超过50个。此时，恒星不再产生热量，而是像吸血鬼一样从内核吸收热量，导致内核失控坍缩以及灾难性的超新星爆发。

恒星是了解元素合成的关键，而元素合成又是了解恒星的关键，因为恒星发出的光正是元素合成的副产物。光在从恒星核心向外移动的过程中会遇到很大的困难，因为恒星中物质的密度很大。光会受到从原子中脱离的自由电子的阻碍（等离子体实际上就是带电的气体，包括带负电的电子以及失去电子后带正电的原子，也叫离子）。一般来说，太阳中的光子每前进1厘米就会撞到电子而发生偏转，因此光子在离开太阳的过程中只能像醉汉一样左摇右晃地前进。光子如果沿直线前进，只需要2秒就能到达太阳表面，但光子实际的路径是弯弯曲曲的，它们需要花费大约3万年才能到达太阳表面。因此，今天我们看到的太阳光，其实是在上一个冰期中产生的！另外，当光子来到太阳中温度较低的区域时，它们的能量会降低，尽管最终它们会变成我们所看到的可见光，但其实它们一开始是能量极高的X射线。

太阳是一个气体球，没有固体表面，在天文学家的定义中，太阳表面就是光子结束缓行状态，开始在宇宙空间里畅通无阻地飞行的那个界面，被称作光球层。当光子经过 3 万年的漫长旅程到达光球层后，只需要再经过 500 秒就能到达地球。

毫无疑问，太阳是一个气体球，但如果它只是一个普通的气体球，那就平平无奇了。然而，有一样东西把太阳从一个可预测的、平平无奇的气体球，变成了一个不可预测的、翻腾的、爆炸性的气体球，为我们带来无尽惊叹的极端物理实验室，这个东西就是磁场。

磁场是由运动的电荷产生的。在一块普通的条形磁铁中，原子中电子的运动产生了磁场，原子本身则是原地不动的。但太阳并不是一团普通的气体，而是等离子体。在太阳等离子体中，产生磁场的电荷——电子，是可以自由运动的，这种运动会改变磁场，磁场的改变又会影响电荷的运动，继而又会影响磁场，如此往复……从黑子的磁涡旋到太阳耀斑爆发，众多太阳磁现象都源于这种高温等离子体和磁场之间的复杂相互作用。

实际上，还有一个因素在影响太阳磁场。太阳并不是一个刚体，因此其表面和内部的自转角速度不同，甚至其表面上不同纬度的自转角速度也不同。于是，太阳的磁场一直处于扭曲的状态，像橡皮筋一样积蓄着能量。

当磁环穿过太阳表面时，我们就看到了一个黑子。黑子几乎总是成对出现，因为磁环会从太阳的一处穿出表面，又从另一处穿入，所以当磁力线非常扭曲时，就会断开，然后与其他磁力线发生"重联"，此时所释放的能量可以将上百万摄氏度的高温等离子体掀起数万千米高，形成太阳耀斑。太阳甚至还会喷出时速高达几百万千米的飓风——太阳风，太阳风带着太阳的磁场吹到太阳系的各个角落。从某种意义上说，地球其实是在太阳的大气层内部公转的，而太阳的大气层一直延伸到远超太阳系最外侧行星的地方，在这里，太阳风与星际物质发生猛烈的冲撞，就像铲雪车冲进漫天飞雪一般。2012年8月25日，美国航空航天局（NASA）于1977年发射的旅行者1号空间探测器探测到显著增强的宇宙射线，即来自银河系的高能粒子流，这意味着它成了史上第一个离开太阳大气层进入星际空间的人造飞行器。

　　了解太阳并不只是一种学术研究活动，搞清楚我们身边这颗恒星所产生的"空间天气"，关系到我们地球人类的生死存亡。通过对其他类太阳恒星的研究，人们发现它们可以爆发超级耀斑，尽管十分罕见，却足以摧毁地球这样的行星。此外，一个更值得担忧的问题是日冕物质抛射（CME），更准确的叫法应该是日冕磁爆发。CME于20世纪70年代才被发现，巨量的太阳等离子体和磁场像导弹一样被抛射到宇宙空间中，想象一下质量几乎相当于珠穆朗玛峰的物体，以民航客机飞行速度500倍的速度被抛进太空的情形。

　　史上有记录的最强烈的太阳活动，是发生于1859年9

月1日的卡林顿事件，它就是一次CME。英国天文学家理查德·卡林顿（Richard Carrington）在伦敦南部观测到一次太阳耀斑，与此同时，位于邱园①的磁力计发生了"爆表"。卡林顿事件永久改变了人们对太阳的看法。在1859年9月1日之前，人们认为这颗恒星对地球的影响仅限于引力，以及太阳光带来的热效应。自此之后，人们发现太阳表面的剧烈翻腾能够向地球发射磁力炮弹，造成灾难性的后果。在卡林顿事件中，全世界的电报收发员都遭遇了触电，明亮的血红色极光照亮了低纬度地区的夜空，人们甚至可以在夜里看报纸。

尽管在1859年，我们尚且落后的科技已经能够探测到CME的发生，但当时的世界对科技的依赖程度并不高，因此CME并未造成严重的损害。然而，今天情况却完全不同了。磁场变化可以在电网中产生强大的感应电流，足以烧毁各种设备。这种电磁感应现象也是造成1859年电报收发员集体触电以及1989年加拿大魁北克省大停电的罪魁祸首。但今天真正受到威胁的是地球周围不计其数的人造卫星，我们的生活已经完全离不开它们。其中风险最大的是通信卫星、气象卫星以及全球定位卫星（它们不仅能够帮助我们定位，同时也在全球金融交易中扮演着关键性角色）。一些富裕的国家已经开始强化基础设施以应对CME

---

① 邱园，即英国皇家植物园，位于伦敦西南部，始建于1759年。——译者注

的威胁。无论如何，我们应该清醒地认识到，这颗赐予我们生命的太阳，也完全有可能在眨眼之间让我们重回没有电力的时代。

# 第 5 章

**热力学第二定律**

第一性原理 · 21堂科学通识课

让东西无序的方式总比让东西有序的方式多得多，如果每种方式概率均等，那么世界一定会从有序逐渐变为无序。

# 第 5 章 热力学第二定律

> 让猫从包里出来比把它放回包里可要容易多了。
>
> ——威尔·罗杰斯（Will Rogers）

热力学第二定律能够解释为什么城堡只能坍塌不能自行复原，为什么鸡蛋只能打碎不能自行拼合以及为什么人只能长大而不能变年轻。你可能会说，这些问题根本不需要解释，因为它们都是理所当然的事情。不过，对物理学家来说，没有什么事是理所当然的。实际上，在 19 世纪末之前，完全没有人能解释这些问题。

令人迷惑的地方在于，支配世界运行的物理学基本定律同时允许一个过程正向和反向发生。以引力定律为例，如果给你看一段卫星围绕行星公转的视频以及这段视频倒序播放的版本，你怎么知道哪个版本反映的是现实呢？引力定律可以让卫星沿一个方向公转，也可以让卫星沿相反的方向公转，两者是同等合理的。相对地，如果给你看一段花瓶摔成碎片的视频以及一段碎片飞起来重新组成完整花瓶的视频，显然你知道前者反映的是现实而后者不是。但为什么会这样呢？支配卫星运动的定律在时间上是对称的，而花瓶是由原子组成的，那么支配原子运动的定律在时间上怎么就不是对称的了呢？

显然，在组成花瓶的原子的尺度以及花瓶整体的尺度之间，一定发生了某件事，而且这件事在时间上一定是单向的。幸运的是，我们并不需要深入原子的尺度去寻找答案。

想象一个摔碎的花瓶。它可以碎成 1 块大的和 10 块小的，也可以碎成 2 块大的和 5 块小的，还可以碎成 100 块很小的。实际上，花瓶破碎所可能形成的情况有很多种。现在想象一个完整的花瓶，它有一种且只能有一种情况能保持完整。因此，如果所有这些情况发生的概率均等，那么花瓶几乎只能从完整变成破碎，因为花瓶破碎的方式相比保持完整的方式来说实在是压倒性的多。

本章开头所提到的几个例子，如城堡坍塌、鸡蛋打碎、年龄增长，它们都有一个共同点，都是从有序状态向无序的状态发生变化。这些变化之所以会发生，是因为所有事物变无序的方式比变有序的方式要多得多。

无序总是在增加，或者说，至少无序永远不会减少，于是便得到了热力学第二定律。物理学家和小说家 C.P. 斯诺（C. P. Snow）说："不知道热力学第二定律如同从未读过莎士比亚的作品。"[1]

---

[1] 出自斯诺于 1959 年在剑桥大学发表的关于"两种文化"的演讲，原文是："有一两次，我问他们有多少人能形容一下'热力学第二定律'。反应是冷淡的，也是消极的，而这只不过是一个相当于问科学家'你读过莎士比亚的作品吗'的问题"。——译者注

实际上，物理学家使用一个专门的术语来称呼无序。他们将无序称为熵，它指的是与一个宏观状态（在花瓶的例子中，就是其保持完整的状态）相对应的所有微观状态数量的总和，即它能变得破碎的所有情况的数量。确切地说，热力学第二定律指出："熵永远不会减少。"这一定律的严格数学公式被镌刻在 19 世纪奥地利物理学家路德维希·玻尔兹曼（Ludwig Boltzmann）的墓碑上，他于 1906 年不幸自杀而亡，可能是由于他因相信原子的存在而遭受了嘲讽。

热力学第二定律在物理学中占据核心地位且非常重要，任何理论如果与之冲突，都会遭到严重质疑。英国物理学家亚瑟·爱丁顿说："我想，熵增原理——热力学第二定律在'自然'法则中具有至高无上的位置……若发现你的宇宙理论与热力学第二定律相反，那我觉得你就没有希望了，没有什么好说的，只有耻辱地倒下去。"[1]

热力学第二定律具有和其他物理定律不太一样的特性，因为它并不是一条在任何情况下都不会失效的铁律，而是一条在绝大多数情况下成立的定律。不过，这里的"绝大多数情况"已经非常接近"所有情况"了，因此与爱丁顿的说法并不矛盾。花瓶碎片弹起来重新组成一个完整的花瓶，这种事并不是完全不可能发生，只是极其不可能发生

---

[1] A·S. 爱丁顿. 科学思想的变化与哲学的关系：物理世界的本质[M]. 张建文，译. 北京：中国大地出版社，2016：81.

而已。要看到这样的情况发生,你可能需要耐心等上相当于宇宙年龄好多倍的漫长时间。

但是,如果无序总是在增加,为什么我们所生活的世界看起来却是有序的呢?尤其是生命,它们似乎成功逆转了熵增的趋势。我们周围充满了各种高度有序的系统,如细菌、树木和人类。那么生物是如何对抗熵增的呢?答案在于,热力学第二定律只规定熵在总体上是增加的,但并没有规定熵不能在某个局部环境中减少。

要理解这一点,我们需要先了解一下由19世纪的物理学家首先发现的一个结论。牛津大学的彼得·阿特金斯(Peter Atkins)说:"我们所有的行为,从思想领悟到艺术创作,从内心来讲都制约于蒸汽机的原理。"[1] 在蒸汽机中,高温蒸汽推动活塞(容器中一堵可移动的墙)做功,并转变成低温的水。

具体来说,它是这样工作的。热是微观尺度下的随机运动,而温度是反映分子平均动能的指标。在高温蒸汽中,高速运动的水分子撞击活塞,这无数次撞击产生的整体效果就推动了活塞。(另外,并非所有水分子都是朝向活塞运动的,因此蒸汽机的效率不可能达到100%,即不可能将蒸汽中的所有热能都转化成活塞的动能。)推动活塞会消耗水分子的部分能量,使水蒸气冷却。通常情况下,当水蒸

---

[1] 彼得·阿特金斯. 宇宙运行四法则 [M]. 马学虎, 译. 辽宁: 大连理工大学出版社, 2012: 39-40.

气被释放到环境中时，它会逐渐冷却到与环境气温相同的温度。

现在假设让温度为 $T$ 的气体分子增加 $Q$ 的热量，则其熵增加了 $Q/T$。这个结论看起来有点儿匪夷所思，但实际上非常符合直觉。让低温气体增加热量就像在安静的图书馆里打鼾，这会产生非常明显的效果，即带来较大的熵增。但让高温气体增加同样多的热量就像在喧闹的火车站大厅里打鼾，根本就没人会注意到，即带来较小的熵增。

回到蒸汽机的话题。推动活塞使得高温蒸汽的热量减少，也让熵小幅减少。同时，同样多的热量被释放到周围环境中，这使得周围环境的熵大幅增加。于是，我们以宇宙整体上较大幅度的熵增为代价，换来了局部较小幅度的熵减。

地球生物圈是一个有序的岛屿，但是其周围的环境需要为这种有序付出代价。简言之，生命在将无序排放到宇宙中。

从根本上说，宇宙就是一台巨大的蒸汽机，驱动地球以及整个宇宙中一切活动的，是高温的恒星与低温的宇宙空间之间的温度差（见图 5-1）。实际上，地球向宇宙空间辐射的热量与其从太阳吸收的热量相等，否则地球一定会变得越来越热。[①] 太阳光的光子以比绝对零度高 6000 摄氏

---

[①] 实际上地球的温度确实有少许上升，这是因为地表辐射的热量会被大气层中的水蒸气、二氧化碳等"温室气体"吸收并积蓄起来。

度的温度（相当于太阳表面温度）到达地球，而地球辐射出的光子温度比绝对零度高 300 摄氏度（相当于室温）。[1] 光子的能量与其温度成正比，这意味着地球每从太阳接收 1 个光子，就要释放出 6000/300=20 个光子。显然，同样多的能量分散到 20 个光子中，比聚集在 1 个光子中更加无序，因此这可以量化地显示，地球上各种过程所做的功是如何让宇宙的熵增加的。

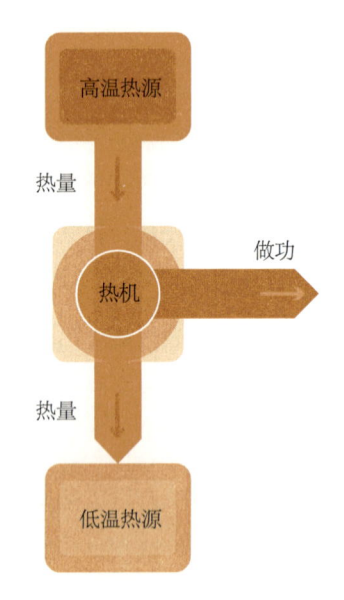

图 5-1 宇宙蒸汽机

说明：宇宙中的一切活动或者说做功，都是由高温的恒星和低温的宇宙空间之间的温度差所驱动的。

---

[1] 绝对零度是指所有微观运动完全静止时所对应的温度，相当于 −273.15 摄氏度，也记作 0 开尔文。

由于地球向宇宙辐射的能量与其从太阳吸收的能量相等，因此驱动地球上一切活动的并不是来自太阳能量的"数量"，而是能量的"质量"①。来自太阳的光子温度高，意味着它们的能量质量较好，可以驱动各种生物过程，例如植物利用光合作用将水和二氧化碳转化为葡萄糖。这样的生物过程会降低热量的质量，最终变成质量较差的低级热量辐射到宇宙中，这样的能量无法再驱动任何有用的活动。

恒星最终会将所有热量辐射到宇宙空间中，使得宇宙各处的温度趋于平均。没有温差这一驱动蒸汽机的核心要素，宇宙就不能继续做功，一切活动将陷入停滞。宇宙这台巨大的机器停止工作，这种状态被称为"宇宙热寂"。用诗人 T.S. 艾略特（T. S. Eliot）的话来说，世界的终结将"不是嘭的一响，而是嘘的一声"。②

但为什么如今宇宙正在变得越来越无序呢？答案显而易见，因为它在过去是更加有序的。我们所在的宇宙诞生于一次大爆炸，这意味着大爆炸必然是一个有序的、低熵的状态。这个结论对于物理学家来说是不适的，因为有序的状态是一种特殊的状态，物理学家不喜欢接受宇宙中存在某种特例，相对地，他们更希望这种状态是由物理学定律所导出的自然结果。无论如何，宇宙起始于一个低熵状

---

① 此处的"质量"指的是"品质（quality）"，而不是物理学上表达类似"重量"概念的"质量（mass）"。——译者注

② 出自艾略特于 1925 年所作的诗歌《空心人》的最后一句。

态，这一问题需要给出解释，但目前人们还没能给出这一解释。

因此，城堡坍塌、花瓶破碎、年龄增长，产生这些现象的根本原因是宇宙自从大爆炸之后就在不断膨胀。远在天边的事情竟然与近在眼前的日常存在某种联系，还有比这更令人震惊的吗？你放在桌上的咖啡会变冷，竟是因为最遥远的星系正在离我们远去！

但是，这里存在一种不可避免的结果。如果在将来，宇宙膨胀到达极限，然后开始进入相反的过程而向内收缩，即"大坍缩"，这个过程就像是"大爆炸"的镜像，而时间的方向也会逆转。坍塌的城堡会重新耸立起来，破碎的花瓶会重新拼合完整，所有生物都会返老还童！任何智慧生命观察宇宙的思维过程也会逆转，正所谓双重否定就是肯定——如果现在不是不下雨，那么就是在下雨。坍缩宇宙中逆向发生的现象，看起来和我们所处的膨胀宇宙中正向发生的现象是一模一样的。大爆炸和大坍缩是完美对称的，正如我们所知，尽管我们认为宇宙正在膨胀，但此时此刻我们也许正处在一个大坍缩的宇宙中也说不定呢！

或许我应该引用德国物理学家阿诺德·索末菲（Arnold Sommerfeld）的一段话来作为本章的结尾："热力学是个有趣的东西。你第一次看过之后，会觉得完全不懂。第二次看过之后，会觉得基本懂了，只有一两处不懂。第三次看过之后，你知道你确实不懂，但那时你已经习惯了，懂不懂对你已经无所谓了。"

# 第6章

## 板块构造

第一性原理　21堂科学通识课

地壳并不是完整的一块,而是由破碎的板块拼接而成的,升腾的岩浆推动这些板块相互挤压碰撞。

## 第 6 章 板块构造

为什么日本频发地震和海啸？是上天的愤怒引发的吗？不，那是地壳的板块构造运动和碰撞的结果。板块构造运动是地球调节内部温度的机制，没有引发地震的板块运动，我们的星球也不可能存在生命。

——亚当·汉密尔顿（Adam Hamilton）

曾几何时，地质学家们认为地球表面只会上下运动以形成山脉等地形，后来他们发现原来地表还会横向运动。地球表面其实是由不同大小的板块构成的，这些板块会缓慢地滑动、碰撞，或是一个板块俯冲到另一个板块的下方。这种板块构造学说，直到半个多世纪之前还被认为是一种彻头彻尾的异端。

1912 年，德国气候学家阿尔弗雷德·魏格纳（Alfred Wegener）首先对地壳的情况有所察觉。早在 1620 年，英国政治家和哲学家弗朗西斯·培根（Francis Bacon）就注意到，从当时还不太准确的世界地图上看，非洲的西海岸线与南美洲的东海岸线形状惊人地相似。培根及其他人对于这种相似性只是停留在好奇的层面，并未进行深入的研究，但魏格纳不一样，他发现不仅这两个大陆沿岸的岩石是相同的，而且连化石也是相同的。他由此得出结论，非洲大陆和南美洲大陆曾经是连在一起的，就像两块巨大的拼图，后来它们才彼此分离，越漂越远。

魏格纳的"大陆漂移"理论在当时完全没有得到重视，每次他提起这一理论都会遭到冷遇。雪上加霜的是，他无法提出大陆移动的合理机制，也无法解释非洲大陆和南美洲大陆是如何跨越数千千米的海床到达现在的位置的。丹麦物理学家尼尔斯·玻尔（Niels Bohr）曾说过："你的理论是疯狂的，但它是不是足够疯狂以至于成为真理呢？"[1]后来人们发现，魏格纳的理论确实疯狂到成了真理。不幸的是，他于1930年去世，数十年后人们才发现了确凿的证据证明他的理论是正确的。

19世纪，人们在铺设欧洲和美国之间的跨大西洋海底电报电缆时，在大西洋中部发现了一条奇怪的山脊。[2]20世纪60年代，美国海军的声呐探测显示它不是一条普通的山脊，而是一座纵贯大西洋的巨大山脉，北起冰岛，南至马尔维纳斯群岛，绵延1万千米。

---

[1] 这句话是玻尔对奥地利物理学家沃尔夫冈·泡利（Wolfgang Pauli）说的，当时泡利在哥伦比亚大学发表了一场关于海森堡-泡利基本粒子非线性场理论的演讲，演讲结束后玻尔对他说了这句话。['Innovation in Physics' by Freeman Dyson (*Scientific American*, Vol. 199, No. 3, p. 74, September 1958)]

[2] 第一条跨大西洋电报电缆是由伊桑巴德·金德姆·布鲁内尔（Isambard Kingdom Brunel）的蒸汽船大东方号（SS *Great Eastern*）于1866年铺设的。

通过测量海床岩石的磁场，人们发现了隐藏在这座纵贯大西洋的海底山脉之下的线索。这些岩石是由远古火山喷出的岩浆凝固形成的，但在其凝固之前，组成岩石的原子会在地球南北方向的磁场作用下排列，凝固之后，远古磁场的方向也随之在岩石上永久固定下来。

这些固化的磁场形成了一种特殊的图案，在大西洋中脊的两侧呈现出对称的磁条带，即岩石先按一个方向磁化，然后按相反的方向反向磁化，周而复始（见图6-1）。

**图6-1 磁条带**

说明：当板块相互分离时，岩浆会从板块之间的裂缝涌出，凝固之后形成的新地壳会被地球磁场磁化，其磁极方向与地球磁场一致。由于地球磁场的方向会发生周期性反转，因此新生成的岩石的磁极方向也会跟着反转。

这种"磁极反转"的证据在陆地上也被发现过，对这一现象的解释是，地球磁场（与条形磁铁相似）的方向会发生周期性的反转：北磁极变成南磁极，南磁极变成北磁极。地磁极反转的成因尚不完全清楚，但关键在于，当火山喷出的岩浆凝固时，它会按照当时的地磁场方向被磁化。于是，海床上的磁条带就成了一条强有力的线索，因为根据地质学家的测定，越接近大西洋中脊的岩石越年轻，越远离大西洋中脊的岩石越古老，对这一现象的唯一解释就是大西洋中脊正在制造地壳。

大约1.2亿年前，当恐龙还是地球霸主时，南美洲大陆和非洲大陆是连在一起的。后来地壳发生断裂，岩浆涌出，海水灌入裂缝。年复一年，地壳的裂缝处不断涌出岩浆，制造出更多的地壳，缓慢而持久地推动两块大陆进一步分离。今天在埃塞俄比亚的阿法尔地区正在发生同样的事情，在那里，三块地壳板块相互拉扯，一片新的海洋正在诞生，将来它的大小可能会与大西洋不相上下。

与魏格纳的想象不同，南美洲大陆和非洲大陆并不需要跨越数千千米的海床以到达现在它们所在的位置，因为最初那片海床根本不存在，它是在两块大陆之间生成的，并且随着它不断生长，两块大陆也被它越推越远。实际上，大西洋中脊每年会喷出大约5立方千米的岩浆——相当于美国华盛顿州圣海伦火山在1980年的灾难性大喷发中喷出的0.25立方千米熔岩的20倍。"大洋中脊"是一座座地壳制造工厂，它们在全球每年会制造出大约30立方千米的新地壳。

地球是一个固定大小的球，因此它不可能凭空制造出更多的地壳。要理解其中的机制，我们需要知道地球的板块是漂浮在地幔上的，地幔是高温、高密度的地球内部物质。板块上面可以承载陆壳或洋壳或者同时承载两者。尽管魏格纳关于地壳漂移的主张是正确的，但其错误之处在于，他认为只有大陆才会漂移。

由火山岩构成的洋壳比由花岗岩构成的陆壳更重，于是在熔融的地幔中，陆壳漂浮的高度比洋壳更高。这解释了一个我们认为理所当然的事实：为什么海床又低又潮湿，而大陆又高又干燥。按照地质学家的说法，陆壳是地球的"浮渣"。

大洋中脊不断制造地壳，推动板块相互挤压。当两个陆壳板块碰撞时，由于陆壳重量轻，它们就会隆起形成山脉，喜马拉雅山脉就是这样形成的。但是，对于不断增加的地壳物质来说，隆起只是暂时性的权宜之计，在某个地方，旧的地壳必须被销毁。这种情况发生在洋壳板块与陆壳板块碰撞的地方，例如南美洲的西海岸。

因为洋壳比陆壳更重，所以它便会俯冲到陆壳板块下方进入地幔。同时，海水、贝壳以及其他一些海洋中的碎屑也会一起进入地幔，这降低了上方陆壳的熔点，导致火山喷发，例如贯穿智利的安第斯山脉就是这样的火山。当洋壳沉入地幔时，它会与其上方的陆壳产生持续的摩擦，这种摩擦会造成强烈的地震，例如灾难性的2010年智利大地震。

不过，板块并不只是在大洋中脊被制造出来，在挤压下沉中被销毁，板块之间还会发生滑动移位，位于美国加利福尼亚州的圣安德烈亚斯断层就属于这种情况。在那里，太平洋板块擦过北美洲板块，导致洛杉矶和旧金山之间的距离以每年 5 厘米的速度在缩小。板块构造学说能够解释我们在地球上所见到的大部分现象，地质学失去了板块构造学说，就像生物学失去了达尔文的自然选择演化学说一样，其意义会大打折扣。

魏格纳在一次格陵兰实地考察过程中去世，年仅 50 岁。他穷其一生也未能参透驱动地壳运动的力量到底是什么，其实答案就是试图从地球内部逃出来的热量。即使在诞生 45.5 亿年后的现在，地球依然保存着其诞生时的熔融状态所留下的部分热量。此外，岩石中的铀、钍、钚等放射性元素的衰变也会产生热量。这些因素的共同作用使得地球内部保持液态，非常黏稠，而且就像在锅里烧水一样，地球内部的液体也会翻腾，较轻的液体上升冷却，较重的液体则下沉。正是地幔中的这种液体循环，使得"魏格纳的拼图"处在持续的变化之中。

持续的板块运动不仅重塑了地表的形态，同时也在让地球变得适宜生存方面扮演着关键性的角色。二氧化碳是一种强力的温室气体，它能够将热量积蓄在大气层中（参见第 3 章）。火山将二氧化碳源源不断地送入大气层，然后被海洋吸收并用来制造海洋生物的碳酸盐外壳。当这些海洋生物死后，它们的壳会留在海床上，并随着海洋板块沉入大陆板块下方的过程一起进入地幔。如此，这条板块传送带得以有效地防止大气中的二氧化碳浓度上升到危险水平。

如果没有板块构造运动持续去除大气中的二氧化碳，地球的结果就会像发生在金星上的一样。随着火山喷出的二氧化碳浓度持续累积，金星大气中的二氧化碳浓度已高达 96.5%，大约是地球的 100 倍，而其表面温度之高足以熔化金属铅。位于美国加利福尼亚州山景城的搜索地外文明计划（SETI）研究所的天文学家赛思·肖斯塔克（Seth Shostak）说："目前不存在板块构造运动的行星几乎都不适合生存，如金星和火星。板块构造可能是任何星球诞生多样生命形式的前提条件。"

地球板块沉入地幔的过程似乎永远都无法被观察到，但我们可以利用地震时地球内部产生的地震波，在计算机的辅助下生成地球内部的 X 射线图像。这种地震层析成像可以显示出包裹地幔的地壳表皮。比地幔更深的地方是地核，它包括液态铁构成的外核和固态铁构成的内核。令人感到惊奇的是，地震层析成像显示板块会以一整块的形式下沉到地核，这非常出乎意料。我们本来以为板块会熔化，但实际上完整的板块能够在外核外面堆积起来。

如果地核确实是一座板块的坟场，那么另一个现象也可以因此得到解释，即从地核升腾而起的高温地幔柱，它们像喷灯一样灼烧着板块底部。在夏威夷群岛下面就有这样一个喷灯，实际上，夏威夷的每座岛屿都是一座火山，它们就是在板块漂过这个喷灯的过程中诞生的。地核的温度高达 5000 摄氏度，与太阳表面温度相当。可能正是因为外核外面的板块坟场使得地核的热量只能从堆叠的板块缝隙中涌出，从而形成了地幔柱。

地震层析成像还发现在地幔中存在两团和大陆一样大的物质，位于我们脚下 2000 千米的深处，正处于地核的上方。它们比周围物质的温度或密度更高，因此能够在成像中凸显出来。地质学家不清楚它们是如何到达那里的，但有一种猜测认为它们是忒亚（Theia）的残骸，即假说中曾经撞击地球的一个和火星大小相当的天体，它的撞击将地幔喷溅到宇宙空间中，最终形成了月球。一般认为这一撞击事件发生在地球诞生后不久，也就是说这个化石般的残骸应该已经完整保存了 45 亿年之久，这听起来有点儿匪夷所思。

关于板块构造运动的一个关键问题在于，它是何时开始的？根据最新的证据，它可能开始于至少 32 亿年前。因为从那个时候起，板块构造运动持续地填埋大气中的温室气体，这一过程可能对数十亿年间地球气候的稳定起着至关重要的作用。生命最早诞生于 38 亿年前，板块构造运动可能在生命的演化过程中扮演了重要的角色。

没人知道板块构造运动是如何开始的，但它不太可能是在陨石撞碎地壳这种突发事件的影响下开始的，而更可能是由于地球冷却导致地球内部逐渐收缩而引发的。地球的原始板块构造可能经过了数亿年的时间才变成我们如今所看到的样子。

# 第 7 章

## 量子理论

第一性原理 · 21堂科学通识课

粒子可以表现出波的性质，波也可以表现出粒子的性质。

# 第 7 章 量子理论

每周一、周三、周五我们讲波动理论，周二、周四、周六我们讲粒子理论。

——威廉·布拉格（William Bragg）

19世纪初，当物理学家们刚刚开始探索原子及其组成的时候，他们发现了一些难以置信的现象。构成世界的基本单位——原子、电子、光子等竟然会表现出两种截然相反的性质。它们可以表现得像粒子，就像微缩的台球；也可以表现得像波，就像池塘水面上扩散的涟漪。

不要去纠结一个局部的粒子是怎样像波一样传播出去的，真相是构成世界的基本单位既不是粒子也不是波，而是一种在我们的词汇中不存在，也无法用日常生活中的任何东西进行类比的概念。也许这并不值得大惊小怪，毕竟原子那么小，1000万个原子排起来也就只有这句话结尾处的句号那么宽，支配如此细微尺度的定律和支配我们日常世界的定律不一样，这也很正常吧。

波动力学——它更广为人知的叫法是"量子理论"，取得了异乎寻常的成功，它让激光、计算机和核反应堆成了现实，也解释了为什么我们脚下的大地如此坚固以及为什么太阳会发光发热。量子理论不仅为我们提供了一种理解和构建事物的方式，同时也为我们打开了一扇窗，通向隐藏在现实背后的那个反直觉的、像爱丽丝仙境一般的世界。在那个世界中，一个原子可以同时存在于两个地方，相当于你可以同时身处伦敦和悉尼；在那个世界中，事情可以毫无原因地发生；在那个世界中，两个原子即便处于宇宙的两端，也可以瞬时产生相互影响。

所有这些奇怪的现象都是因为构成世界的基本单位同时具有粒子和波的性质，而且它是双向的：不仅波可以表现出粒子的性质，粒子也可以表现出波的性质。首先，让我们来看一看如果波表现出粒子的性质会产生怎样的结果。

1801 年，英国物理学家和博学家托马斯·杨（Thomas Young）设计了一个巧妙的"双缝实验"，并以此揭示了光是一种波。此前人们一直没有注意到光具有波的性质，因为光的波长（从上到下，再从下到上振荡一个周期所走过的距离）只有千分之一毫米，比一根头发丝的宽度还要小很多。但是，光除了可以表现出波的性质之外，还可以表现出一串光子的性质。1923 年，美国物理学家亚瑟·康普顿（Arthur Compton）发现了"康普顿效应"。他用高能光束（$\gamma$ 射线）轰击电子，发现电子被击退了，就像被一串微小的子弹击中的结果一样。

光竟然是一串光子，这可以说是科学史上最令人震惊的发现之一。当你透过玻璃往外看时，你在看到窗外景色的同时,也会看到自己的脸在玻璃上反射出的淡影,就好像另一个自己在盯着你看。玻璃中之所以会出现"鬼影",是因为它并不是一个完全透明的介质,虽然大部分光能够穿过玻璃,但依然有一部分被反射了回来。如果光是一种波,那么这种常见的现象便很容易理解了。假设有一艘快艇驶过水面激起了一串水波,水波碰到了漂浮在水面上的一块木头,此时大部分波会继续前进,另外一部分则被反弹回来。但是,当把光看成波时很容易解释的现象,把它看成一串光子时却根本无法理解了。毕竟,如果每个光子都是相同的,那么它们所受到的影响也应该是相同的——要么全部穿过玻璃,要么全部反射回来。但如果事实是一部分穿过玻璃,一部分反射回来,那么唯一的解释就是每个光子都有一定概率穿过玻璃或者被反射回来。换言之,我们无法知道某个特定的光子会走哪条路,这完全是无法预测的。

不仅是光子,原子、电子等整个亚微观世界的所有粒子都是这样的。令人震惊的是,宇宙的最底层也充满着随机性。我们能够知道一颗行星在空间中的运动轨迹,却无法知道某个亚原子尺度的粒子在空间中的轨迹。我们只能知道它经过一条路径的概率以及经过另一条路径的概率,以此类推。

这让爱因斯坦感到十分沮丧,他曾说过一句名言"上帝不掷骰子"。丹麦物理学家尼尔斯·玻尔对此反驳道"你别指挥上帝该怎么做"。量子世界的唯一可取之处在于,尽管它本质上是不可预测的，但这一不可预测性则是可以预测的！量子理论正是这样一种用来预测不可预测性的方法。

刚才我们讲了波表现出粒子的性质时会发生什么，那么粒子表现出波的性质时又如何呢？这意味着粒子可以做到波能做到的事，例如波可以在拐角处弯曲，否则你不可能在相隔一条街的地方听到警笛声。除此之外，波还可以做到另一件事，这件事在日常世界中微不足道，却能在量子世界中引发惊天动地的结果。想象一下暴风雨在大海上掀起巨浪，但转天风雨过去，海面恢复平静，只有微风形成的细小波纹。如果你见过这样的景象，可能会注意到滔天巨浪的表面上也可以存在细小的波纹，这其实是每种波都具备的性质。如果可能存在两个或更多的波，则它们的组合或者称为叠加，同样可能存在。

光子、电子等亚原子粒子的波具有比较奇妙的性质，它们是概率波，这是一个抽象的数学概念，它在空间中的传播和起伏可通过薛定谔方程来确定。在波比较大，或者用术语来说，具有较大的振幅的地方，粒子存在的概率较大；在波比较小的地方则粒子存在的概率较小（实际上，这一概率是与振幅的平方相关的，但我们不必在意这个细节）。

假设一个描述氧气分子的量子波在房间左边的振幅较大，那么这个分子有接近100%的概率位于房间左边；而假设一个描述相同氧气分子的量子波在房间右边的振幅较大，那么这个分子有接近100%的概率位于房间右边。我们刚才说过,如果可能存在两个波,那么它们的组合也可能存在,但在这个例子中,这个波表示的是氧气分子可以同时存在于房间的左边和右边!

欢迎来到诡异的量子世界。量子波不仅可以表示粒子在空间中的位置,而且可以表示粒子的任何已知属性。因此,一个粒子不仅可以同时位于两个或多个不同的位置,还可以同时做两件或多件不同的事。这是量子计算机的基本原理,它正是利用这一性质同时进行多种运算的(参见第 16 章)。

然而,量子十分脆弱,它会在与周围环境的相互作用中消失。我们可以看到身边的事物,是因为它们反弹出的光子进入了我们的眼睛。而要想观察到一个亚微观粒子,比如电子,我们也必须让光子之类的东西从观察目标上反弹出来,然后观察它是如何被反弹的。但这个观察行为不可避免地会消除量子性,此时电子不再同时处于多个位置,而是选择出现在某一个特定的位置,这个过程称为"退相干"。而如果电子可以同时处于多个位置,那么它将永远无法被真正观察到。你可能会问,这有什么关系呢?答案是这的确会产生一些影响。

这与一种被称为"干涉"的波现象有关,托马斯·杨在 1801 年曾利用这一现象证明光是一种波。基本上,当两个波叠加时,如果一个波的波峰正好与另一个波的波峰叠加,则波会被增强;而如果一个波的波峰与另一个波的波谷叠加,则波会被抵消。这两个过程分别被称为"相长干涉"和"相消干涉"(见图7-1)。重点在于，量子波在被观察之前可以发生这两种干涉，而这会让一切变得不一样。

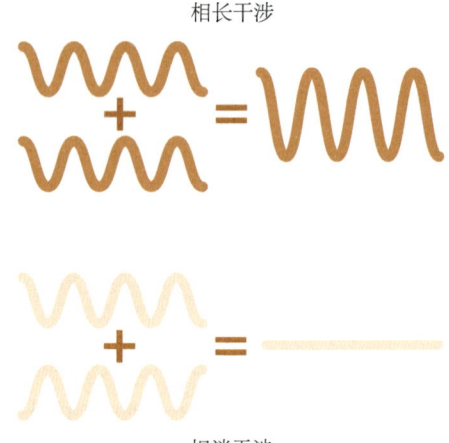

相长干涉

相消干涉

**图7-1 相长干涉与相消干涉**

说明：一切量子诡异之处的源头为表示一个电子做某件事的概率的量子波可以与表示一个电子做另一件事的概率的量子波发生干涉。

假设两个相同的保龄球相互碰撞后沿相反方向弹开，此时如果有一面表盘，那么这两个球弹开后前进的方向可以是任意的，例如10点和4点方向，或者7点和1点方向，等等。如果让两个球重复碰撞几千次，它们反弹的方向会遍布表盘上的每个方向。但如果是两个相同的粒子相互碰撞并弹开，那么在某些方向上，它们的量子波之间会发生相长干涉，而在另一些方向上则会发生相消干涉，甚至完全抵消。于是，如果它们重复碰撞几千次，你会发现粒子沿表盘上某些方向飞行的概率会高于预期，相对地，在某些方向上粒子却完全不会出现。

当然，没人会关心这种量子保龄球会怎么飞，但这一现象展现了干涉起关键性作用的量子世界与我们的日常世界之间的显著区别。正是这种能表示不同概率的量子波之间的干涉，解释了为什么原子以及我们身边的一切得以存在，而在前量子时代的物理学，或者说经典物理学，则完全无法解释这些。

简单来说，我们认为原子中有一个像太阳一样的原子核，电子像行星一样围绕它旋转。詹姆斯·克拉克·麦克斯韦于19世纪提出的电磁定律指出，当一个带电粒子加速时（电子围绕原子核旋转时需要改变方向，这也是一种加速），它会辐射出电磁波或者光，就像一座迷你灯塔。这会持续消耗电子的能量，导致其旋转轨道越来越靠近原子核。实际上，计算表明，电子在一亿分之一秒内就会撞上原子核。理查德·费曼曾说："从经典物理学的视角来看，原子根本不可能存在。"

如果电子真的会在旋转中撞上原子核，那么你脚下的地板将会瞬间崩塌，因为原子核的大小只有整个原子的十万分之一。量子理论可以解释为什么这一切不会发生。有无数种可能的量子波能够描述一个电子。例如，一个量子波描述电子沿正方形轨道运动，另一个量子波描述电子飞到最近的恒星再飞回来，等等。但关键在于，当你把所有这些量子波叠加在一起时，在接近原子核的区域内它们全部相互抵消了。因此，电子在旋转中撞上原子核的概率为零，于是你、我以及我们身边这个有形的世界才得以存在。

构成物质的基本单位具有波的性质，这一点也造成了其他一些显著的影响。虽然在日常世界中我们可以测量一辆汽车的属性，比如它的位置和动量（即它的质量与速度的乘积），但在亚微观领域中却不可能同时准确测出这两个属性。假设有一个波，它以规律的周期上下振荡且无限延伸。如果这样一个正弦波描述了一个粒子，那么这个粒子处于任何位置的概率（其振幅的平方）都是相等的，我们根本无法确定它所在的位置。但是，波上下振荡的频率与粒子的运动速度（严格来说是它的动量）相关，缓慢振荡的波具有较低的动量，而快速振荡的波具有较高的动量。在这个例子中，波是保持不变的，因此我们能准确地知道它的动量。

现在来看看如果我们要将波限制在局部时会发生什么。我们可以叠加另一个振荡较快的正弦波，于是这两个波会在某个区域之外的空间中相互抵消。如果再叠加一个振荡更快的波，还可以将其进一步局域化，然后还可以再叠加一个更快的，以此类推。这样做的代价是，我们将越来越无法确定粒子的动量，因为原本描述这个粒子的波上叠加了越来越多不同的波，每个波都具有不同的动量。

总之，鱼和熊掌不可兼得。我们越是确定粒子的位置，就越是不能确定粒子的动量；反过来，越是确定粒子的动量，就越是不能确定粒子的位置。这就是海森堡不确定性原理，它告诉我们永远不可能知道量子世界的全部。有一些成对的物理量，如位置—动量、能量—时间等，是不可能同时确定两者的——知道一个，就不知道另一个。量子领域就像一张报纸上的照片，当你凑得很近时，它就会变得模糊且难以分辨。

还有一个神奇的现象也和这一原理有关，那就是真空其实并不是空的。如果我们凑近了看，观察一个特定位置的行为会导致该位置所包含的东西的动量变得非常不确定。简而言之，真空中充满了能量，粒子会突然出现然后又瞬间消失，这都是因为海森堡不确定性原理。它并不是一个毫无依据的理论，原子中翻腾的能量海洋持续冲击着外围的电子，这可以通过电子能量的"兰姆位移"观测到。兰姆位移是由威利斯·兰姆（Willis Lamb）发现的，他因此被授予1955年的诺贝尔物理学奖。

波粒二象性，即粒子可以表现出波的性质，是一个尚未完全被打开的礼物盒。如果在波的叠加和量子随机性之上再增加一个要素，就会得到整个量子世界中最诡异的性质——它实在太匪夷所思了，以至于爱因斯坦认为它是无稽之谈，而且这一定意味着量子理论是有缺陷的、不完备的。这个要素就是角动量守恒，即在一个孤立系统中，角动量是保持不变的。以旋转的花样滑冰运动员为例，其角动量与其旋转的速度和到旋转轴的平均距离的乘积相关。因此，如果滑冰运动员将手臂往回缩，其到旋转轴的平均距离减小，要想保证角动量不变，就只能以更快的速度旋转。

这一点在下面的情况下会产生一种非常诡异的现象。假设在伦敦的一座实验室中有两个孤立的电子。电子具有一个称为"自旋"的量子属性，简单来说，你可以认为电子可以沿顺时针或逆时针方向旋转。要保证角动量为零，即两个电子的自旋相互抵消，有两种可能的状态：第一个电子可以沿顺时针方向自旋，第二个电子沿逆时针方向自旋；或者第一个电子沿逆时针方向自旋，第二个电子沿顺时针方向自旋。但是请记住（这里是重点），这两种可能的状态是可以以叠加态存在的，即两个电子可以同时处于顺时针－逆时针和逆时针－顺时针自旋的状态。

现在假设没有人在观察这两个电子，于是它们处于这个诡异的量子叠加态，此时将其中一个电子装进盒子里带到悉尼，然后在悉尼打开盒子进行观察，此时你会发现这个电子的自旋方向为顺时针或逆时针中的一种，其结果是随机的，就像抛硬币看正反面一样。如果发现它在沿顺时针方向自旋，那么留在伦敦的那个电子会立即进入沿逆时针方向自旋的状态，因为这两个电子的角动量必须守恒为零。如果发现悉尼的电子在沿逆时针方向自旋，那么留在伦敦的那个电子立即进入沿顺时针方向自旋的状态。即便装有第二个电子的盒子被用某种手段搬运到了宇宙的尽头，这样的现象依然会发生。换句话说，这两个电子之间存在瞬时的相互影响，这完全违背了爱因斯坦的狭义相对论，即任何信息的传输速度都不可能超过光速（参见第10章）。

难怪爱因斯坦会认为这一现象很荒唐,而且他认为这一现象恰恰证明量子理论是不完备的。

以诺贝尔奖得主,法国物理学家阿兰·阿斯佩(Alain Aspect)于 1982 年开展的实验为首,多个实验都揭示了粒子之间以无视光速这一宇宙速度极限的方式产生相互影响的现象的确是可能发生的。爱因斯坦错了,瞬时相互影响,或称"非局域性",是量子理论不可或缺的一部分。

尽管粒子和波好像从本质上是水火不容的,但在我们最好的现实模型——量子场论中,从一开始就已经整合了这些概念。在量子场论模型中,构成一切的基本单位是场,有电子场、光子场,每种基本粒子都有对应的场。简单来说,在场的空间中每一点上都有一个不同的值,就像空间中每一点上都有一个竖立的弹簧,弹簧顶上放着一个小球。弹簧可以上下伸缩,而小球的高度就代表场的值。如果这些弹簧并非各自孤立而是彼此相连,那么一个弹簧的振荡就会影响相邻的弹簧,而场更像是一张弹簧床垫。

在量子场论模型中,一个弹簧的振荡会对相邻的弹簧产生扰动,进而对再相邻的弹簧产生扰动,以此类推,这产生了一串在场中荡漾的涟漪,就像麦田中的麦浪一样,这个涟漪就是粒子。因此,在量子场论中,粒子本质上就是波。

这里还缺少一个要素。这些弹簧并不能以任意频率振荡,它们只能以某个基本频率,或是这个基本频率的两倍、三倍这样的频率振荡,这被称为波的"量子化"。量子理论的一个基本观点就是我们的世界在本质上是一份一份的，无论是能量还是电荷都存在不可继续分割的最小"量（quanta）"，这也是"量子（quantum）理论"这个名称的来源。

量子场是构成世界的基本单位。物质由原子构成，原子由原子核和电子构成，原子核由质子和中子构成，质子和中子由夸克构成，而夸克和电子由场构成。以我们目前的知识来看，量子场就是自然阶梯的基石。

量子理论一个引人注目的地方就是，尽管自其诞生至今已经过了一个多世纪，但它依然能够不断带来新的惊喜和谜团。通过将量子叠加和随机性与其他要素相结合，可以产生很多其他的量子性质，要讲清楚这些可能需要花上一整本书的篇幅。但是，有一个细节需要重新审视一下，因为它并不完全正确。量子体在本质上并不脆弱，它们表现得脆弱是因为它们太小了，我们从未真正直接观察到它们，而是设法让量子体在一个探测器上留下痕迹，这个探测器可能包含上百万个原子，而我们实际上观察的是这些原子。类似地，我们的眼也无法直接看到光子，而是这些光子在视网膜的数百万个原子上留下了痕迹，而人眼观察的是视网膜上的原子。因此，我们从未真正观察世界，我们观察的是自己。在大量原子上留下痕迹这个过程，导致了量子性的消失，就像在一个人声鼎沸的足球场里说悄悄话一样。严格来说，数百万个原子在一个状态所对应的量子波，不会与数百万个原子在另一个状态所对应的量子波发生重叠，没有波的重叠就不会发生干涉，而干涉是量子性的基础。不重叠的波是不相干（decohered）的，因此量子性消失的过程也被称为"退相干（decoherence）"。

从另一方面来看，如果量子体能够完全孤立于周围的环境，那么它将不会发生退相干从而继续保持量子性。因此，量子理论并不是一个仅适用于微观物体的理论，而是一个适用于孤立物体的理论。它之所以在极微小的尺度上显现，是因为相比大的物体来说，我们更容易让原子之类的微小物体达到孤立状态。但是，如果我们可以让大的物体从周围环境中孤立出来，它也会表现出量子体的性质。全世界的物理学家和工程师正在努力实现这一点，目的是制造出量子计算机。将你从周围环境中孤立出来极其困难，但并非不可能实现，如果真的实现了，你将会成为量子体，可以同时走进两扇门！

# 第 8 章

## 第一性原理 原子

### 21堂科学通识课

原子是大自然的字母表，将它们按不同的方式排列，就可以构成一朵玫瑰花、一个星系，或是一个新生的婴儿。

# 第 8 章 原子

假如由于某种大灾难,所有的科学知识都丢失了,只有一句话可传给下一代,那么怎样才能用最少的词语来传达最多的信息呢?……所有的物体都是由原子构成的。

——理查德·费曼[①]

公元前 440 年,古希腊哲学家德谟克利特(Democritus)拿起一块石头,或是一根树枝,或是一枚陶片,没人知道他拿的到底是什么。但重要的是,他提出了这样一个问题:"如果我把它切成两半,再切成两半,能不能永远这样切分下去呢?"德谟克利特的答案是否定的,他无法想象一个物体可以被无限细分下去。后来,他提出一定存在一种最小的物体,它无法被切成两半。于是他借用希腊语中表示不可分割的单词 atomos,将这一物质的最小单位命名为"原子(atom)"。

人们发现原子存在的直接证据是很久以后的事了,但

---

[①] 费恩曼. 费恩曼物理学讲义(第 1 卷)[M]. 郑永令等, 译. 上海: 上海科学技术出版社, 2005: 2.

在此之前的千百年间，人们也积累了很多间接的证据。18世纪，瑞士数学家丹尼尔·伯努利（Daniel Bernoulli）提出，像空气、水蒸气这样的气体是由无数随机飞舞的原子构成的。如果将气体装进容器中，这些原子就会撞击容器内壁，就像冰雹砸在屋顶上一样。它们会在容器内壁上产生一种力，这就是我们在宏观上所感受到的一种平均的推力，或者说是压力。

伯努利想象有一个圆柱体容器，里面有一堵可移动的墙，或者说是活塞，那么如果容器中的气体体积被压缩到原来的一半会发生什么？伯努利认为，此时原子只需要飞行原来的一半距离就可以撞击到活塞，因此原子撞击活塞的频率会变成原来的两倍，即产生的压力会变成原来的两倍。如果有个人尝试推着活塞不让它弹回来，那么他一定会感受到这一变化，因为他需要花更大的力气才能让活塞在容器中保持不动。同样的道理，如果气体体积缩小到原来的三分之一，压力就会变成原来的三倍，以此类推。爱尔兰物理学家罗伯特·波义耳（Robert Boyle）于1662年观察到同样的规律，这一规律因此被命名为"波义耳定律"。

接下来，伯努利想象对装有气体的容器加热。由于加热后原子的运动会变快（热是原子的微观运动），因此它们会更频繁更猛烈地撞击活塞，表现为气体压力上升。他的推理再一次与真实气体的状况一致。法国科学家杰克-亚历山大-塞萨尔·查理（Jacques-Alexandre-César Charles）

于 1787 年观察到同样的规律，这一规律因此被命名为"查理定律"。

伯努利的成就在于他仅仅基于气体是由无数像蜂群一样随机飞舞的原子构成的这一假设，就成功预言了气体的两个可测属性。实际上，在很多气体中，撞击容器内壁的并不是原子，而是多个原子组成的小团——分子。例如，水蒸气中的分子是由两个氢原子和一个氧原子连接而成的（$H_2O$）。无论如何，不管组成气体的基本单位是分子还是原子，都不影响伯努利的结论。

19 世纪，苏格兰物理学家詹姆斯·克拉克·麦克斯韦和奥地利物理学家路德维希·玻尔兹曼注意到伯努利的洞察，并进一步推导出气体原子的统计学属性。然而，关于原子的存在却依然充满争议。1906 年，玻尔兹曼在一次度假中自杀，其他科学家对玻尔兹曼观点的敌意或许是造成他精神抑郁的原因。讽刺的是，就在玻尔兹曼自杀的前一年，爱因斯坦通过对神秘的布朗运动现象的解释，给出了原子存在的最好证明。

1827 年，苏格兰植物学家罗伯特·布朗（Robert Brown）用显微镜观察水面上的花粉颗粒，发现它们会随机游动。此后大约 100 年间，没有人能够搞清楚这些花粉颗粒为什么会疯狂地舞动。后来，爱因斯坦在 1905 年提出了一个猜想，每个花粉颗粒都受到来自其周围水分子的持续撞击。在某个特定时刻，从一侧撞击的分子数量大于另一侧，这会导致花粉颗粒的不规则运动。你可以想象有一群人在一片空地上围着一个巨大的充气球，每个人都会从随机的方向推动它。

爱因斯坦提出了一个用来描述布朗运动的数学理论，他的预言在三年后被法国科学家让·巴蒂斯特·佩兰（Jean Baptiste Perrin）证实。为了方便，佩兰将花粉颗粒换成了藤黄颗粒（它是柬埔寨的一种树上分泌出的黄色胶质）。爱因斯坦的理论预测了在水分子的持续撞击下花粉颗粒运动的速度和距离，其中的关键问题在于水分子的大小，因为水分子越大，花粉颗粒所受到的力就越不平衡，因此布朗运动就会变得越不规则。佩兰将其对藤黄颗粒的观察与爱因斯坦的理论进行比较，从而得出了水分子以及组成它的原子的大小。他的结论是一个原子的大小大约是一百亿分之一米，所以我们才说 1000 万个原子连起来只有一个句号那么大。

尽管佩兰的证明很有说服力，但依然是一种间接的证明。原子存在的实际证明要等到 1981 年，当时在瑞士苏黎世的国际商业机器公司（IBM）工作的格尔德·宾宁（Gerd Binnig）和海因里希·罗雷尔（Heinrich Rohrer）发明了扫描隧道显微镜。尽管它的名字有点长，但其实工作原理非常简单。假设一位盲人想要"看到"另一个人的脸，他就会用手指去触摸。同样，扫描隧道显微镜是使用一根非常细的金属针去触摸一个物体表面的微观形态。但是要做到这一点需要很多的才智和巧思。例如，如何避免周围环境中的震动对设备的影响，这也是宾宁和罗雷尔能够获得 1986 年诺贝尔物理学奖的原因。

当两位物理学家将扫描隧道显微镜探针的上下移动转换成图像后，他们倒吸了一口凉气：原子就像微小的足球，或者像堆在箱子里的迷你橘子。这一结果与 2500 年前德谟克利特仅凭思想的力量所得出的结论完全相同。但是，德谟克利特不仅猜想原子是构成物质的不可分割的微粒，而且他还猜想原子具有有限的几种不同形状和类型，通过将它们以不同的方式组合起来，就可以形成一朵玫瑰、一个星系或是一个新生的婴儿。万物都是原子的不同组合而已。这个世界也许看起来复杂得不可思议，但是德谟克利特认为，这只是一种错觉，它只是反映了几种基本构件的无尽排列组合而已。①

19 世纪后期，法国科学家安托万·拉瓦锡（Antoine Lavoisier）编写了一个物质列表，这些物质是无法通过任何手段变成其他物质的，例如金，它们很有可能是由单一种类的原子组合而成的。他列出了 23 种基础物质，或者叫"元素（elements）"。当然，其中一些并不基础，也不应该出现在这张列表上，例如"热质（caloric）"，它是一种与热有关的假想的流体。如今，我们知道从最轻的氢到最重的铀，一共有 92 种天然元素。但即便是拉瓦锡的列表中似乎也包含了相当多的基本组成部分，肯定比德谟克利特当

---

① 世界复杂的表象之下隐藏着简单的本质，这一思想是科学的主要驱动力之一。尽管它看起来是对的，却没人知道它为什么是对的。

初所设想的寥寥数种要多。

原子可能是由更小的物体构成的,这一迹象的发现源于一位俄国西伯利亚的化学家——德米特里·门捷列夫(Dmitri Mendeleev)。在编写一本教科书时,他发现元素的性质是有规律的。在 1869 年的当时,人们总共已经发现了 67 种元素。门捷列夫把这些元素做成卡片,按原子量从小到大排成一排。他惊讶地发现化学性质相似的元素竟然出现在同一竖列中,而且这种性质的变化具有周期性,因此他把元素的这种排列方式称为"元素周期表"。通过这张表,门捷列夫预言了"缺少"的元素的性质,这些元素后来被一一发现。

英国物理学家约瑟夫·汤姆逊(J. J. Thomson)于 1897 年发现了电子,这是人类第一次认识到比原子更小的物体。后来,新西兰物理学家欧内斯特·卢瑟福(Ernest Rutherford)于 1911 年发现了原子核,也是他提出了原子的结构模型,即原子核像太阳,而电子像行星一样围绕其旋转。尽管原子核的大小只有原子的十万分之一,却占了原子总质量的 99.9%。捷克裔英国剧作家汤姆·斯托帕德(Tom Stoppard)曾经生动地诠释了原子核的大小:"伸出拳头,如果你的拳头像原子核一样大,那么整个原子就像圣保罗(大教堂)一样大。如果这是一个氢原子的话,那么就会有一个电子像一只蛾子一样在这座空旷的大教堂里飞来飞去,一会儿飞到穹顶下,一会儿飞到圣坛上。"

原子核中含有质子,它的质量是电子的约 2000 倍,并且带有与电子等量但极性相反的正电荷。在最轻的氢原子中,原子核中只有一个带正电的质子,它的电荷与围绕它旋转的仅有的一个电子所带的负电荷达到完美的平衡,而正是这两种相反电荷之间的吸引力使得氢原子能够保持其结构。原子核中质子的数量总是与其核外电子的数量相等。

氢原子与碳、铀等其他原子之间的关键区别在于其原子核中包含的质子数量,这等价于其核外电子的数量。氢原子含有 1 个质子和 1 个电子,碳原子含有 6 个质子和 6 个电子,而铀原子则是一个巨大的怪兽,它的原子核含有 92 个质子,周围则有 92 个呼啸飞行的电子。

实际上,除氢原子外,其他原子的原子核中还含有除质子以外的另一种粒子。1932 年,英国物理学家詹姆斯·查德威克(James Chadwick)发现了中子。中子的质量和质子相当,但它不带电荷,对原子的性质也没有显著的影响,因为原子的性质几乎完全是由电子的数量决定的。

根据 19 世纪的经典物理学理论,电子绕原子核旋转时会像微型电台一样辐射电磁波,这会消耗电子的能量,使得电子在不到一亿分之一秒的时间内撞向原子核。但这并没有发生,因为我们周围的世界都是由原子构成,而且它们显然非常稳定。电子之所以不会在旋转中撞上原子核,是因为它们具有奇妙的波的性质,这一点是在 20 世纪初被发现的。电子的行为并不遵循经典物理学,而是遵循量子物理学,而表示电子的量子波本质上是扩散的,因此并不会被压缩到一个原子核的微小体积中(参见第 7 章)。

尽管电子具有波的性质能够解释为什么它们不会撞上原子核，从而维持原子的结构，但是并不能解释为什么原子中的所有电子不在同一个轨道上运行。原子中的电子是原子与外部世界产生相互作用的界面，它们与其他原子的电子之间的相互作用决定了原子的性质：它们如何与其他原子结合（也就是它们的化学性质），以及它们的导电性和导热性。如果每种原子的所有电子都排列在同一轨道上，那么它们的外部界面也应该是相同的，也就是都具有完全相同的性质，即世界上只有 1 种元素，而不是 92 种不同的元素，这个世界的多样性和复杂性便无从谈起。

奥地利物理学家沃尔夫冈·泡利提出了"泡利不相容原理"，以此解释了这 92 种原子之间的区别。泡利不相容原理是一条量子世界的规则，它规定两个相同的电子不能共享同一个轨道。原子是一个三维物体，因此描述电子的轨道不仅需要知道其与原子核的距离，还需要知道它在空间中旋转的方向。正如我们需要两个数——纬度和经度，来确定地球上的某个位置，要确定一个电子的轨道也需要两个数，再加上电子与原子核的距离，总共需要三个量子数。但实际上，电子还具有第四个属性：自旋。简单来说，你可以理解为电子会沿顺时针或逆时针方向自转。

根据泡利不相容原理，电子会按距离原子核从近到远依次排列在不同的"层"上。第一层最多能容纳 2 个电子，第二层是 8 个，第三层是 18 个，以此类推。我们看几个例子：有 6 个电子的原子，其第一层有 2 个电子，第二层有 4

个电子；有 12 个电子的原子，其第一层有 2 个电子，第二层有 8 个电子，第三层有 2 个电子。于是，我们便很容易理解为什么某些原子具有相似的性质——例如锂、钠、钾，因为它们最外层都只有 1 个电子，所以它们与外界发生相互作用的方式相同。这就是门捷列夫元素周期表中所呈现的规律的本源。

泡利不相容原理不允许所有电子处于同一轨道，这解释了为什么会有 92 种天然元素而不是只有 1 种，也解释了为什么世界如此丰富多彩以及为什么你能读到这些文字。

尽管和德谟克利特所想象的一样，世界的多样性是由少数构件按不同方式组合而产生的，但和他的想象不同的是，原子核和电子的存在说明原子并不是不可分割的。特别是现在我们已经发现了真正不可分割的基本粒子，令人惊讶的是，它们只有 3 种：上夸克、下夸克和电子（参见第 15 章）。质子其实是由 2 个上夸克和 1 个下夸克构成的复合粒子，而中子则是由 2 个下夸克和 1 个上夸克构成的复合粒子。神奇的是，整个宇宙的多样性都来源于区区 3 种基本构件的排列组合。德谟克利特在两千多年前就参透了现实世界的终极本质，不得不说，他的思想在这个意义上是完全正确的。

# 第 9 章

## 演化

第一性原理 21堂科学通识课

令生物在对稀缺食物资源的竞争中取得优势并存活和繁衍的性状，会在其后代中变得越来越普遍。

# 第9章 演化

> 环境选择了那些能够提高存活率的突变，结果是一系列从一种生命形式向另一种生命形式缓慢进行的变化，就是新物种的起源。
>
> ——卡尔·萨根[1]

为什么赛马如此适合在赛道上飞奔？因为饲养者会从大量马匹中选出那些跑得更快的，然后让它们繁衍后代，并重复这一过程。为什么生物如此适应它们所处的环境？查尔斯·达尔文（Charles Darwin）的天才之处在于，他发现这个问题的答案非常简单。正如人类会按奔跑速度对马匹进行人工选择一样，某种机制也会按生物对环境的适应性对它们进行自然选择。

实现这一自然选择的机制其实出奇的简单。生物产生了过多的后代，而食物则相对缺乏，于是只有那些带有能够在食物竞争中取得优势的性状的个体才能生存下来并繁

---

[1] 卡尔·萨根. 宇宙 [M]. 陈冬妮, 译. 广西：广西科学技术出版社, 2016: 25.——译者注

衍后代，继而将这些性状遗传下去。

1831—1836年，达尔文作为随行自然学家，跟随小猎犬号（HMS Beagle）勘探船进行了一次为期5年的航行，在那之后，达尔文产生了自然选择的想法。在这5年间，达尔文在南美洲开展了丰富多样的自然考察。尤其是在加拉帕戈斯群岛，他发现不同岛屿上的雀鸟都有不同形状的喙，每种喙的形状都完美地适于取食当地的坚果和种子。如果当地盛产较大的坚果，则鸟类会长着短粗的喙以便敲开坚果；如果当地只有较小的种子可以吃，则鸟类会长着细长的喙。

为什么加拉帕戈斯群岛上的鸟类和动物会如此适应它们的食物来源呢？一个想法开始在达尔文的脑海中萌芽。他发现加拉帕戈斯群岛上的生物都是1000千米外南美大陆上一些常见物种的近亲，这意味着它们都发源于南美大陆。但是，大陆上其他一些同样可以居住在岛上的动物和鸟类却没有出现在这里。显然，捉摸不定的风和洋流意味着只有一小部分生物能够成功漂洋过海到达这里。加拉帕戈斯群岛是火山活动形成的，在几百万年前才从海底升起来，因此对于那一小部分到达这里的生物来说，这里就是一片处女地，于是它们的种群传播开来，占据了所有可用的生态位。例如，有一种雀鸟迁徙到整个群岛区域，然后在每一座岛屿上分别演化出不同类型的喙，以便更好地适应当地的食物。

在小猎犬号上时，达尔文并不知道是什么驱动着物种的变化，让每个物种都与其所在的环境完美契合。但回到英国之后,年仅 27 岁的达尔文仔细翻阅着他的加拉帕戈斯考察笔记,他慢慢发现原来他所观察到的现象可以用一种极其简单的理论来解释。动物会生出大量的后代,植物也会产生大量的种子,但由于食物的数量不足以养活如此大量的后代,因此大多数生物会饿死。达尔文发现,那些能存活并繁衍后代的个体,都具有一些令它们在食物竞争中取得优势的性状,而这些性状又会遗传给它们的后代。久而久之,有益性状在种群中的占比逐渐上升,而不利于生存的性状则逐渐消失。

这就是"自然选择演化"。这个想法非常简单,以至于达尔文的朋友及其拥护者托马斯·赫胥黎(Thomas Huxley)评论道:"我为什么这么笨,竟然没想到这一点。"当然,要透过自然界纷繁复杂的表象看清楚其产生这一复杂表象的简单内在机制,还是需要一些天赋的。

生物学家和作家理查德·道金斯(Richard Dawkins)将自然选择下的演化称为"科学史上最伟大的想法"。它之所以伟大,是因为它提供了一个完全自然的机制来创造复杂的事物,比如加拉帕戈斯群岛上雀鸟特化的喙,以至于让人产生一种"设计错觉"。无论如何,正如道金斯所讽刺的:"设计错觉是如此成功,以至于到现在大多数美国人(尤其是很多有影响力和富有的美国人)依然顽固地拒绝承认这只是一种错觉。"

自然选择演化理论,或称"天演论",与教会所宣扬的上帝以现在的形态创造了所有生物这一教义是相违背的，因此达尔文在 20 年间一直没有发表他那惊为天人的想法。直到 1858 年，阿尔弗雷德·拉塞尔·华莱士（Alfred Russel Wallace）基于其在印度尼西亚和马来西亚的自然考察，产生了和达尔文完全相同的想法，这激励了达尔文将他的想法撰写出来。于是，1859 年，达尔文出版了《物种起源》，这是一部可与牛顿的《自然哲学的数学原理》比肩的伟大作品，堪称科学史上最重要的著作之一。①

根据达尔文的理论，地球上今天存在的所有生命都是在自然选择的驱使下，由一个共同的祖先经过亿万年的时间演化形成的。这一思想不仅与圣经中上帝创造世界的记载相违背，同时也与教会所宣扬的人类是按上帝的样子被创造出来的这一教义相违背。根据达尔文的理论，人类也不过是另一种动物罢了。

由于在人类一生的时间内，物种不太可能发生变化，因此达尔文知道自然选择演化需要数亿年的时间才能创造出现在这个丰富多彩的生物世界。不过，我们也有可能亲眼见证自然选择演化的杰作。在英格兰北部的工业化城市中，工厂烟囱冒出的黑烟将树叶染成了黑色。在当地生活的桦尺蛾曾经以浅色为主，但浅色的桦尺蛾因为在黑色的树叶间变得非常显眼，所以更容易被鸟类捕食。于是，浅色的桦尺蛾逐渐被深色的桦尺蛾所取代，因为深色的个体

---

① 论文完整标题为《论处在生存竞争中的物种之起源（源于自然选择或者对偏好种族的保存）》，查尔斯·达尔文著，发表于 1859 年 11 月 24 日。

更容易在这种环境下隐藏自己从而存活下来。深色桦尺蛾从 1811 年被发现，到了 1895 年其数量就已经占据了整个种群的 98%。

达尔文的理论在病毒和细菌的加速演化中也可以得到见证。从 2019 年起，全世界都经历着新冠肺炎疫情大流行，我们目睹了病毒在达尔文式的军备竞赛中演化出了传播能力更强的毒株，并在与其他毒株的竞争中取得了优势。类似的军备竞赛也在细菌中上演，这解释了为什么抗生素的有效性会越来越低：因为尽管抗生素能够杀死感染者体内的绝大多数细菌，但一定存在少数细菌携带着能帮助它们存活下来的性状。于是，它们的后代中携带这种抗生素耐受性状的个体比例会不断上升，最终导致抗生素对它们不再有效。

自然选择演化也曾造成过无数生命的牺牲。16 世纪，西班牙殖民者来到美洲，同时也带来了麻疹、天花等疾病，而当地的阿兹特克人和印加人对这些疾病没有任何自然免疫力。西班牙殖民者之所以对这些疾病拥有免疫力，是因为数百年来欧洲曾有数千万人死于这些疾病，而这些殖民者是那些幸存者的后裔，他们身上或多或少都携带着能产生一定免疫力的性状。正如美国生物学家刘易斯·托马斯（Lewis Thomas）所说："进化仍旧是一场冗长、无穷尽的生物赌局，唯有赢家才能留在桌上。"[1]

---

[1] 刘易斯·托马斯.细胞生命的礼赞：一个生物学观察者的手记[M].苏静静，译.北京：中信出版集团，2020：4.（此处的"进化"含义等同于本书译文中使用的"演化"——译者注）

达尔文的大胆之处不仅在于他敢于发表违背教会教义的天演论学说，还在于他的理论中其实还缺少两个关键的要素。第一个要素是变异的机制：是什么产生了供自然进行选择的新性状？第二个要素则是遗传的机制。

最初，达尔文认为代与代之间的信息传递是依靠父母各自携带的某种液体，它们在后代身上发生了融合。就像红色颜料和白色颜料混合后会变成粉色颜料，但我们也同时永久失去了原本的红色颜料和白色颜料，这种遗传液体的融合也能让性状发生混合，但同时也会永久失去某些性状。于是，我们应该只能看到长着蓝棕混合色眼睛的个体，而不会再看到长着蓝色或棕色眼睛的个体。久而久之，这种遗传液体的混合应该会让种群中所有生物个体的性状趋于近似，但这样的情况并未发生。

达尔文不知道的是，布尔诺（现捷克共和国）的一位奥古斯丁修道士发现了遗传的机制。1856—1863年，格雷戈尔·孟德尔（Gregor Mendel）进行了豌豆杂交实验，并记录了性状在整体中的遗传情况。例如，开紫色花的豌豆与开白色花的豌豆杂交，并没有产生开淡紫色花的后代，而是一部分开紫色花，另一部分开白色花，且两种花色的比例是可以预测的。孟德尔发现某些性状可以平等地遗传，即同时来自双亲，而另一些性状则是显性遗传的，但关键的一点在于，性状是以不可分割的微粒的形式遗传的，而并不是可以任意混合的液体。孟德尔的发现在后来被称为"基因"。

孟德尔拥有达尔文所缺少的一块关键拼图，而达尔文也拥有孟德尔所缺少的一块关键拼图。英国生物学家史蒂夫·琼斯（Steve Jones）说："孟德尔和达尔文是天生一对，但遗憾的是，很多天生一对一生都无缘相遇，他们二人就是这样。"

1866 年，孟德尔在《布隆自然科学研究协会会刊》上发表了他的研究成果，但这本期刊实在没有什么名气，导致他的成果几乎无人问津，直到 1900 年才被予以重视。此后不久，美国生物学家托马斯·亨特·摩尔根（Thomas Hunt Morgan）开始进行果蝇杂交实验，并观察到与孟德尔的豌豆相似的遗传规律。此外，他进一步发现携带遗传性状的物理元素——基因，位于名为"染色体"的微小条状结构中。一个新的学科——遗传学自此诞生。

关于遗传物质的准确细节要等到 20 世纪后半叶才被发现。生命的基本构件——生物的原子，是细胞，它是一小包黏糊的液体，里面包裹着分子机器。细胞的中心有一个细胞核，里面含有由名为"脱氧核糖核酸（DNA）"的大分子构成的染色体。

DNA 分子看上去像两条交错的螺旋形阶梯。这种双螺旋结构的核心是一串由四种分子构成的序列，这四种分子称为碱基——腺嘌呤（A）、鸟嘌呤（G）、胞嘧啶（C）和胸腺嘧啶（T），它们两两成对，而 A、G、C、T 这四个字母就组成了遗传密码。① 每三个碱基编码代表一种特定的氨基酸，它是蛋白质的基本构件，而蛋白质是负责完成各种生物活动的分子，它们能加速生命的化学反应，在眼睛里感受阳光，以及维持你的身体结构（见图 9-1）。

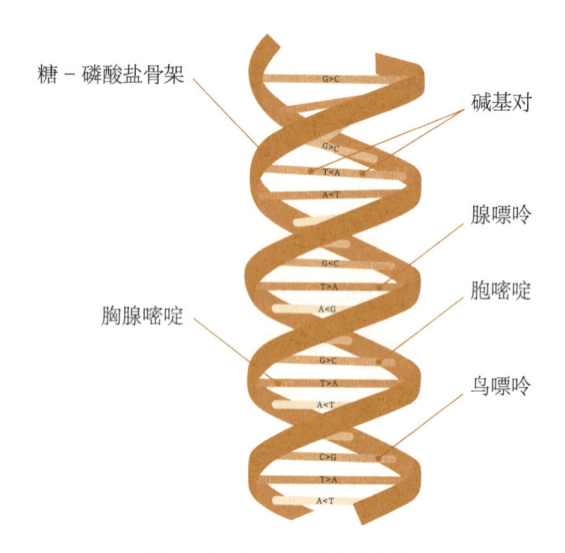

**图 9-1　DNA 双螺旋结构**

说明：四种分子，或称"碱基"——腺嘌呤（A）、鸟嘌呤（G）、胞嘧啶（C）和胸腺嘧啶（T）——两两成对。A、G、C、T 这四个字母组成了遗传密码，每三个编码代表一种氨基酸，氨基酸是蛋白质的构件。

---

① A 总是与 T 配对，G 总是与 C 配对。因此，如果将细胞中的双链 DNA 从中间分开，就会形成两条互补的单链，而 DNA 的复制正是利用了这种互补性。细胞液中游离的 A 会像拼拼图一样自动与单链上的 T 结合，同样地，T 会与 A 结合，G 会与 C 结合，C 会与 G 结合，结果就形成了原始 DNA 的两个相同副本。

基因就是编码了一个蛋白质的一小段 DNA，它与孟德尔的联系也正在这里。孟德尔发现的遗传性状与基因有关，例如，某个特定基因会产生影响豌豆发育的蛋白质，从而决定豌豆是皱粒还是圆粒。

DNA 不仅解释了遗传的机制，也解释了变异的机制。后代从亲代继承性状时，需要复制亲代的 DNA。然而，以人类 DNA 为例，复制它意味着要将 30 亿个字母准确无误地抄下来，这个过程不可避免地会出错。实际上，大约每复制 10 亿个碱基对就会出现一个错误。基因复制会发生各种各样的错误，可能是一个字母复制错了，或者是一段 DNA 被删除或者重复了。此外，紫外线、病毒、致癌物、核辐射等都会导致基因的改变，或者说突变。

你的父母为你提供的基因种类是相同的，但他们提供的版本是不同的，这取决于他们各自家系中积累的随机突变。同一种类基因的不同版本称为"等位基因"，它可以产生不同的性状。例如，有一个基因可以控制头发颜色，来自母亲的副本可能代表红色头发，而来自父亲的副本可能代表褐色头发，至于哪个性状会在你身上"表达"出来，取决于哪个是显性的，哪个是隐性的。

对于一对等位基因来说，显性或是隐性可能是由不同的原因决定的，需要具体基因具体分析。每对等位基因中，一个基因来自母亲，另一个基因来自父亲，它们会产生不同的蛋白质，但有些蛋白质会覆盖另一些蛋白质的作用。最简单的情况是，某个基因产生了无效的蛋白质，它不能发挥任何作用，于是另一个基因产生的有效蛋白质便是显性的。对于隐性遗传等位基因来说，一个很好的例子就是红色头发。有一个称为 MC1R 的蛋白质，它通常的作用就是清除毛发和皮肤中的红色色素。如果它无效，那么红色色素就会积累，让一个人长出红色的头发。

通过从父母继承不同版本的基因，你就继承了一部分母亲的特征，同时继承了一部分父亲的特征。这个混合的过程是随机的，就像把两副扑克放一起洗一样。这也说明了有性生殖能够大大增加后代产生新性状的概率。

从根本上说，达尔文的天演论告诉我们，地球上的每个细胞都是从一个共同祖先开始，通过自然选择的过程演化而来的，而这个共同祖先大约出现于 40 亿年前，它是一个被称为"最后共同祖先（LUCA）"的细胞。没人准确地知道它是如何诞生的，因为即便是最简单的细胞也是一台高度复杂的生物机器。基因中的错误，或者说突变，是随着时间以稳定的速率积累的。因此，如果对于某个特定基因，一个物种所具有的突变比另一个物种多一倍，我们就可以推测出它从同一个祖先分离的时间也比另一个物种要早一倍。这就是现代生物演化树的构建过程，这一概念最早也是由达尔文提出的。不过，细菌有一个不太好的习惯，它们不仅能够将 DNA 遗传给后代，还会相互交换 DNA。这意味着在 LUCA 附近，演化树就长得不太像树了，而是更像一片茂密的灌木丛。

在物理学上，黑洞的事件视界指的是一个令落入其中的物质有去无回的点（参见第 14 章），它将黑洞隐藏起来，让我们无法观察到其内部的样子。与之相仿，生物学家也提出了生物事件视界，在它之外的一切都无从知晓。

# 第 10 章

## 狭义相对论

第一性原理
21堂科学通识课

光是追不上的。

# 第 10 章 狭义相对论

> 光速在我们的物理理论中扮演着无限大速度的角色。
> ——阿尔伯特·爱因斯坦（1905 年）[1]

光是追不上的。年仅 16 岁的爱因斯坦在想象和一束光齐头并进的情形后得出了这样的结论。他之所以能够想象这一情形，是因为詹姆斯·克拉克·麦克斯韦所提出的一个理论。1863 年，这位苏格兰物理学家发现电、磁和光之间存在一种出乎意料且令人震惊的联系：光是在散布于整个空间中的无形的电磁场中传播的一种波（参见第 2 章）。爱因斯坦认为，如果真的能追上这样一种电磁波并与之齐头并进，那么它看起来就会变成静止的，就像冰冻海面上的海浪一样。然而，麦克斯韦的理论并不允许这种静止的波存在。由于追上光意味着会产生一种不能存在的东西，因此爱因斯坦认为光一定是不可能被追上的。

真空中的光速不可超越，这一结论对我们最珍视的

---

[1] 爱因斯坦. 爱因斯坦文集（第二卷）[M]. 范岱年等, 编译. 北京：商务印书馆, 2011：106.

时空观念产生了巨大的影响。而这些将会由爱因斯坦在他"奇迹般的"1905年提出。

如果光是追不上的，那么它实质上就在我们的宇宙中扮演着无限大速度的角色，即在定义上是大于所有数字的，因此是不可能达到的。不仅是以无限大速度运动的物体无法被追上，而且我们无论以多大的速度运动，都应该认为光速是无限大的，因为我们的速度和光速相比是可以忽略不计的。因此，光速对任何人来说都应当是恒定不变的，无论光源以及观察者以多大的速度运动。

速度的定义是物体在单位时间内移动的距离，因此如果所有人观测到的光速都相同，那一定是大家对距离和时间的观测出了问题。假设你站在铁轨旁边观察一辆匀速驶过的列车。列车上有一个简单的时钟，它由地板上的激光发射器和天花板上的反射器构成，激光束从地板竖直向上发射然后被天花板反射回来，我们将激光上下来回一次的时间当作这个时钟的一秒。假设列车是透明的，你可以站在铁轨旁边从侧面看到列车里的这个时钟。还要假设列车的运行速度相对于光速来说足够快，以便让结果更明显。（这只是一个思想实验，并不直接反映真实情况，但它可以用来揭示大自然的底层原理。）

从铁轨旁边观察，你看到的光束不再是直上直下的，而是一种不同的运动轨迹。当光束射向天花板时，列车也在同时向前运动，因此从铁轨旁边观察，光束是向斜上方发射的。类似地，当光束反射回地板时，列车继续向前运动,从铁轨旁边观察,光束是向斜下方反射的。于是我们得出了这样一个结论,光并不是直上直下运动的,相比从车上乘客的视角观察,光走过了更长的距离,换句话说,站在列车外面的你,所看到的"一秒"时间变得更长了(见图 10-1)。

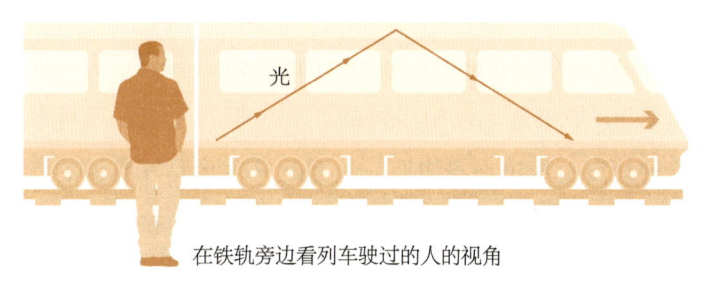

图 10-1　思想实验:列车上的时钟

说明:将在列车地板和天花板之间来回反射的光看作"时钟":铁轨旁边的观察者(图中下半部分)相比列车上的乘客(图中上半部分)看到光走了更长的距离,因此他所看到的时间比车上乘客所看到的时间要慢。

尽管这个思想实验看起来有点儿不现实,但它揭示了一个基本事实:如果某人以匀速从你身边经过,那么他的时间相对于你来说就会变慢。此外,他在空间中的距离也会在其运动方向上缩小，但这一点比较难以用视觉的方式呈现出来。因此，我的时间和你的时间不一样，我的空间也和你的空间不一样。通过这个巨大的宇宙阴谋，大自然确保宇宙中的所有人都能观测到相同的光速。宇宙中并没有"绝对"时间，即没有一个全局背景下的时钟；也没有"绝对"空间，即没有一个全局的画布用来测量物体的长度。一切都取决于观察者的相对速度，正是因为如此，我们才使用"相对"这个词来描述爱因斯坦的理论。光速是宇宙的基石，而空间和时间只是流沙。

当某人以匀速经过你身边时，他的时间看起来变慢了，这称为"时间膨胀"，而其空间的收缩被称为"洛伦兹收缩"。在没有其他因素影响的情况下（确实还有其他因素），如果某人以相当快的速度（相对于光速不可忽略的速度）经过你身边时，他看起来就像是在黏稠的液体里艰难地行走，而且会在其运动方向上被挤压成一张薄饼。[1]

列车上的时钟的思想实验还反映出另一个事实。在伽利略的时代，科学家们就已经发现，对于所有以匀速运动的观察者来说，运动定律是完全相同的。毕竟，两个在行

---

[1] 关于此处提到的另一个影响因素。某人身上有些部分距离你较远，有些部分距离你较近，对于距离你较远的部分，光到达你的眼睛需要走更长的距离，这导致它们看起来在轮转。因此，如果这个人的脸朝向你，你会看到他的一部分后脑勺。这种奇妙的效应称为"相对论性光行差"或"相对论性射束"。

使的列车上的人互相扔球,和两个站在轨道旁边的人互相扔球,球在空中的运动轨迹是完全相同的。爱因斯坦发现,对于所有以匀速运动的观察者来说,并不只是运动定律相同,而是所有定律都相同,尤其是支配光速的光学定律。

爱因斯坦的理论被称为"狭义"相对论,他后来又对其进行了推广,这一理论已经被无数事实证明是正确的。例如,1971年,美国海军天文台的科学家将一台非常精确的铯原子钟装到飞机上进行环球飞行。当他们将原子钟带回华盛顿之后,发现机载原子钟确实比地面上的原子钟慢了,并且与通过狭义相对论所计算出的数值一致。航天员的时间也会变慢。俄罗斯物理学家伊戈尔·诺维科夫(Igor Novikov)说,苏联礼炮号空间站上的航天员以每秒8千米的速度绕地球飞行了1年时间,他们于1988年返回地面后,相当于进入了百分之一秒后的未来。

这种时间膨胀效应是非常微小的,因为飞机和飞船的速度相对于光速来说还是太慢了,但对于以接近光速飞行的亚原子粒子来说,这一效应就十分可观了。一个典型的例子是 $\mu$ 子,它们是由宇宙空间中的高速原子核(即宇宙射线)轰击地球大气层顶部的空气分子所产生的。$\mu$ 子以99.92%光速的速度穿过空气,与此同时它们会在平均一百五十万分之一秒的时间内发生衰变,也就是说,它们会在飞行0.5千米后消失。然而,与这一预期不同的是,它们可以飞行12.5千米,足以一路抵达地面。实际上,每平方米地表每秒会受到几百个 μ 子的撞击，就在这一瞬间它们正穿过你的身体！

很明显，宇宙射线所产生的 μ 子飞行的距离是我们当初所预想的 25 倍，这一现象可以通过狭义相对论完美解释。μ 子有一个内部时钟来触发其衰变，根据爱因斯坦的理论，高速飞行的 μ 子所经历的时间与在地表上的我们所经历的时间不同。由于 μ 子的飞行速度是光速的 99.92%，因此在地表的观察者看来，μ 子的时间流逝速度是地表的 1/25，于是它们存在的时间就会是原本预想的 25 倍，这些时间足够它们一路抵达地面。

那么，如果从 μ 子的视角来看又是怎样一番景象呢？此时，μ 子的时间流逝速度是完全正常的，因为它相对于自己是静止不动的！于是，它会在一百五十万分之一秒后发生衰变。然而，它会看到地表以 99.92% 光速的速度接近，由于洛伦兹收缩导致其运动方向上的空间距离缩小为原来的 1/25，因此它便能够在这极短的时间内抵达地面。无论你怎么看——从 μ 子的视角来看，或是从位于地面的观察者视角来看，结论都是成立的，这就是相对论的神奇之处。

实际上，相对论并不是说一个人的时间和另一个人的时间不同，或者一个人的空间与另一个人的空间不同，事实更加匪夷所思。相对论说的是，一个人的空间是另一个人的空间和时间，而一个人的时间是另一个人的时间和空间。[1]但这一步并不是爱因斯坦迈出的,而是爱因斯坦大学时代的数学老师,曾经批评爱因斯坦是"懒惰的狗"的赫尔曼·闵可夫斯基(Hermann Minkowski)迈出的,他说:"从现在起,空间本身和时间本身都将只是影子,只有它们结合在一起才能真正存在。"

我们通常认为存在一个三维的空间——左右、前后和上下,以及一个一维的时间——过去和未来,但实际上只有一个四维的时空。当我们接近光速时,会发现空间和时间的统一是一个显而易见的事实。只不过我们生活在大自然的慢行道上,我们所经历的只是时空的影子,就像一个物体在洞穴壁上投下的平面影子——空间是一个影子,时间是另一个影子。

当然,相对论还有更多的意义。为什么光是追不上的?到底是什么让你追不上光呢?假设有一个物体被加速到越来越接近光速,那么它必将产生越来越大的阻抗,而当物体以光速运动时,这一阻抗就会变成无限大,这就是为什

---

[1] 假设有一个水平的木棒吊在天花板上,就像一个巨大的指南针。你看不见它,你只能看到它在相互垂直的两面墙上投下的影子。你可以将这两面墙上的影子分别叫作"长度"和"宽度",但从不同角度看这个房间的观察者所看到的长度和宽度也不同。类似地,时空从本质上说就像这个指南针,我们只能看到它的两个影子——"时间"和"空间",但不同的观察者(处于不同的速度下)所看到的时间和空间也不同。一个人看到收缩的空间和膨胀的时间,另一个人可能看到膨胀的空间和收缩的时间。时间和空间可以互换,因为它们都不是本体,真正的本体是时空。

么有质量的物体永远无法达到光速。要理解这一阻抗的来源，可以想象一个质量较小的物体，例如一个杯子，你很容易推动它，但对于一个质量较大的物体，例如一台冰箱，你就很难推动它。这种对移动的阻抗称为"惯性"，实际上惯性就是我们对质量的定义。一个结论就是，一个物体被加速到越快的速度，它所产生的阻抗就越大，因为实际上它的质量会变得越来越大。

当物体的速度增加时，唯一发生改变的是它的动能。如果你曾经被人骑自行车撞倒过，你就一定知道这种能量的厉害！动能具有质量，正是这种质量产生的对移动的强大阻抗使得任何有质量的物体都无法达到光速。实际上，爱因斯坦发现不仅动能具有质量，任何形式的能量都具有等效的质量，而且他得出了一个或许是相对论中最令人震惊的结论——能量和质量可以相互转化。不仅能量具有等效的质量，质量也蕴含着能量。爱因斯坦将这一规律总结成了那个最著名的物理学公式：$E=mc^2$。

质量竟然是能量最紧凑的形式。质能向热能的转化不仅造就了氢弹的毁灭性威力，同时也点燃了太阳，成了太阳光的最终能量来源。

# 第 11 章

第一性原理
脑
21堂科学通识课

脑的主要活动就是改变它自身。

## 第 11 章 脑

> 在头脑中,罂粟花是红的,苹果是香的,云雀是唱的。
>
> ——奥斯卡·王尔德(Oscar Wilde)[1]

人脑包含大约 1000 亿个神经元以及 1 万亿个支持细胞,这些支持细胞为神经元提供能量并维持它们的健康,但仅凭庞大的细胞数量并不能说明人脑到底是如何工作的。美国神经科学家杰拉德·费施巴赫(Gerald Fischbach)指出:"肝脏大约包含 1 亿个细胞,但是把 1000 个肝脏连起来并不能创造出丰富的内心世界。"

人脑能产生丰富内心世界的秘密在于神经元之间的连接。人脑能编码大量的信息、记忆和思想,都是基于连接的力量。万维网(World Wide Web)的发明者蒂姆·伯纳斯-李(Tim Berners-Lee)说:"我们所知道的,我们所

---

[1] 奥斯卡·王尔德. 自深深处 [M]. 朱纯深,译. 北京:译林出版社,2015:95.

成为的，全部都来自我们的神经细胞进行联系的方式。"①

人脑在持续地改变自身，它会根据通过身体感官涌入的外部信息更新神经元之间的连接。美国科学作家乔治·约翰逊（George Johnson）说："当你读一本书或与他人对话时，这一经历就会在脑中产生物理改变。你每次结束一段经历，你的脑就会被改变，有时是永久性的改变，这想想还是有点儿可怕的。"

和普通细胞一样，神经元也有一个细胞体，其中包含一个细胞核。但不同的是，从神经元的一侧会伸出一条细长的缆绳状结构，称为"轴突"，在神经元的另一侧则有数个像手指一样的突起，称为"树突"。轴突可以向另一个神经元发送电脉冲，而树突则可以接收其他神经元通过轴突发送的电信号（见图 11-1）。

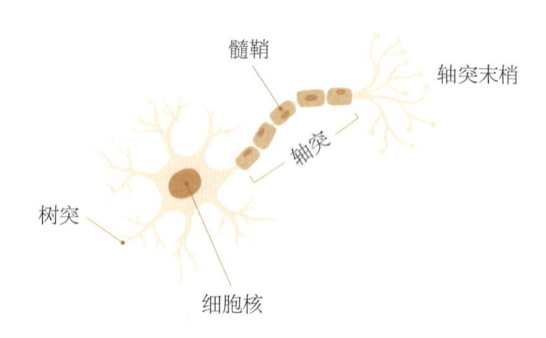

图 11-1　神经元

---

① 蒂姆·伯纳斯-李.编织万维网：万维网之父谈万维网的原初设计与最终命运[M].张宇宏，萧风，译.上海：上海译文出版社，1999：12.

## 第 11 章 脑

一个神经元可拥有多达约一万个树突,因此它能够与约一万个其他神经元产生交互。这意味着人脑中可形成多达一千万亿个连接,这或许能够解释人脑为什么能储存如此大量的信息,而正是这些信息让你成为你。

关键在于,一个神经元的轴突并不是与另一个神经元的树突直接接触的,它们之间有一个间隙,称为"突触"。在这里,来自轴突的电信号会被转化为化学信使,并在轴突末端的一个称为"终扣"的结构处被释放到突触间隙中。然后,这些化学信使会在突触间隙中扩散,并与受体结合,打开离子通道从而触发一个新的电信号。

通过化学信使来介导电信号可以让神经元产生非常丰富的反应。这是因为化学信使(或称为"神经递质")有很多不同的种类,当且仅当树突具备相应的受体时,神经递质就会对树突产生不同的作用。有些神经递质会触发(激发)树突中的电流,而另一些则会阻断(抑制)树突中的电流。

人脑中最重要的两种神经递质都是简单的氨基酸:γ-氨基丁酸(GABA)和谷氨酸,后者是一种化石级的古老化学信使系统,细菌从十多亿年前就在使用它。用旧方案来解决新问题是演化的一个常见特性,几乎所有神经元之间的通信都是由 GABA 和谷氨酸介导的。其他神经递质,如多巴胺和乙酰胆碱,只是对其发挥一定的调控作用。大多数可以影响行为的药物,其原理都是通过阻断或模拟某种神经递质来刺激特定受体或者产生与该神经递质相同的效果。

神经元经常被类比为计算机中的逻辑门。逻辑门由晶体管构成，多种逻辑门连接在一起就可以构成电路，实现诸如将两个数相加之类的功能。不过，逻辑门只是输入两个电信号，并根据输入的电流产生一个输出信号，而神经元则可以接受来自一万多个树突的输入，其输出的信号取决于所有这些输入信号与神经突触处的大量神经递质和受体之间的复杂相互作用。因此，神经元是一台生物计算机的基本构件，正如逻辑门是硅基计算机的基本构件一样，这种说法并没有错，但神经元的功能远不止于此，实际上，一个神经元本身就是一台计算机。

人脑的重量约为 1.4 千克，通常是与我们大小相当的动物脑重量的约 3 倍。它是我们已知宇宙中（当然，已知宇宙也是人脑自己已知的！）最复杂的物体。根据美国神经科学家保罗·麦克莱恩（Paul MacLean）的理论，在演化过程中依次产生了 3 种不同的脑，它们一层一层叠加起来形成了现在的人脑。美国记者莎朗·伯格利（Sharon Begley）说："人脑中的现代部分叠加在古老部分之上，就像是在一台八轨磁带播放机的上面又造了一台 iPod。"

我们那 1.4 千克的"小宇宙"中最原始的部分是脑干和小脑，它们是爬行动物的脑的主要结构。我们的"爬行动物脑"负责控制自动化的生命功能，如体温、呼吸、心率和平衡。包裹在爬行动物脑外面的是在大约 2000 万年前由最早的哺乳动物所演化出的结构，这一被称为"边缘系统"的结构主要组成部分包括海马体、杏仁核和下丘脑，它们负责将或好或坏的经历作为记忆保存下来，因此它们也负责控制情绪。包裹在边缘脑外面的是所有结构中最大的，它就是"大脑"，或称为"新皮质"，它最早是在灵长类中开始发挥重要作用的。它可以驳回膝跳反射这类由原始脑结构所产生的反应，并负责语言、抽象思维、想象以及意识。它具有近乎无限的学习能力，也是我们人格的载体。简而言之，新皮质让我们得以成为人。

实际上，在爬行动物脑、边缘脑和新皮质外面，还包裹着另外一层结构，那就是坚硬的头骨。在头骨里面还有三层强化保护组织，称为"脑膜"，这三层脑膜之间填充有一些特殊的缓冲液体，称为"脑脊液"。（脑膜发生感染会导致可能致死的炎症，称为"脑膜炎"。）

新皮质分为两个半球，中间由一束称为"胼胝体"的神经纤维相连。因此，我们其实有两个脑。一般来说，左脑更擅长解决问题、数学和书写，而右脑则更富有创造力，擅长艺术或音乐。左脑控制右侧身体的运动，而右脑则控制左侧身体的运动，造成这一现象的原因尚未完全清楚。也正是因为这样，左脑发生卒中的人会丧失右侧身体的活动能力，反之亦然。（卒中通常是由脑血栓导致的，它会阻塞局部血供，造成附近脑组织的损伤或坏死。）

这里有一个大问题：这些令人眼花缭乱的复杂神经回路是如何让我们记忆和学习的呢？一般来说，我们会记住那些对我们重要的事，而忘记那些对我们不再重要的事。

如果听到一个新的意大利语单词,而且你已经会说意大利语,那么相比不会说意大利语的人来说,你会更容易记住这个新单词。如果你已经掌握了在滑雪板上保持平衡的方法,那么相比从没滑过雪的人来说,你会更容易学会如何在冲浪板上保持平衡。

此外,重复似乎对于记忆和学习也至关重要。婴儿在学说话时会不断重复同一个词,人们学习弹吉他时也会反复练习同一组和弦。当然,上面这些例子并不能说明人脑中的神经回路是如何让我们记住新东西和学习新技能的,但它可以提示我们人脑中有两个关键的过程:和已有知识建立联系以及重复。

我们已有的知识是通过人脑中 1000 亿个神经元之间的连接方式来编码的。没有人知道这些连接方式是如何编码复杂信息的,但无论如何,所有证据都指出,神经元之间的连接方式是我们形成知识的关键。神经元之间的连接是通过树突形成的,即树突也就代表着我们的知识。因此,要记忆新东西或学习新技能,神经元之间的树突连接一定需要发生某种变化。

假设有两个已经建立连接的神经元——第一个神经元的轴突连接着第二个神经元的树突。现在第一个神经元开始发送信号,因为它受到了某种刺激,可能是来自外界的感官信息。我们之前说过,两个神经元之间的树突连接代表我们已有的知识,如果此时的刺激是重复的并且与我们已有的知识相关——轴突和树突之间的突触间隙中释放的神经递质就会放大相关的电信号,于是树突就会强化这一连接。这一强化有多种方式,其中一种是树突生长出大量的"树突棘"从而增加其连接点。

当然,仅由一个树突相连的两个神经元只能编码非常少的信息,但你脑中的大量神经元联合起来,就可以编码你所有的知识。通过强化大量神经元而不只是一对神经元之间的连接,新知识会被永久连接到你已有的知识中并记忆下来。小说家多丽丝·莱辛(Doris Lessing)说:"这就是学习,你突然明白了一些你原本就已经明白的事,但变换了一种新的方式。"

通过神经元之间强化连接的过程,编码这些知识的网络持续发生着变化。它不仅会强化连接,还会产生新连接,断开一些原有的连接。如果将人脑中的神经网络想象成一片灌木丛,有些地方会长出新的枝叶,而有些地方则会被修剪掉,正如相互之间没有共同信息的神经元会断开连接一样,这就是遗忘的过程。人脑能做到,而宇宙中其他已知的东西做不到的,就是对其自身的持续重构和重连。

学习新技能的过程与产生记忆的过程非常相似。例如,学习骑车需要使用某些特定的肌肉,于是强化与控制这些肌肉的神经元相连的树突就可以让它更快速更容易地控制这些肌肉。因此,和记忆一样,像骑车这样的技能也是由一个神经元网络来编码的,它会自动形成永久的连接。

神经元之间连接的增强和削弱以及产生新连接来修改网络结构的能力,称为"神经可塑性"。我的脑需要具备神经可塑性才能写出这些文字，而你的脑也需要具备神经可塑性才能读懂我的文字。

人脑是一种超凡的计算机，因为普通硅基计算机只能根据人类编写好的程序来完成一项任务，但人脑却不需要从外部进行编程，它是一种自编程计算机。婴儿出生时就具备一个神经网络，其连接方式具有无数种可能性。对婴儿的脑进行编程，即产生新连接、强化一些连接，以及剪掉更多的连接，是通过他对世界的感受，通过眼睛、耳朵、鼻子和皮肤不断涌入的各种信息来完成的。

神经可塑性是人脑的一大秘密，正如自然选择之于演化，DNA之于遗传学一样，神经可塑性是理解人脑的一个核心思想，没有它，一切都毫无意义。神经可塑性解释了新经历是如何持续改变脑连接的，这是一团终极的可编程物质。它解释了婴儿是如何从一张白纸成长为各具特色的人，它还解释了相邻脑区的神经元可以接替与某些任务相关的受损神经元，使得卒中病人能够恢复某些身体机能的现象。复健是一个漫长且艰辛的过程，因为这一重编程过程与儿童第一次学习某种技能的过程非常类似。

神经可塑性会伴随你的一生，即便是百岁老人的脑也依然能够建立新的连接，因此他们也能学会使用计算机。尽管不能像儿童一样学得那么快，但他们依然能够学会。

神奇的是，人脑只需要大约20瓦的功率就能够完成如此海量的计算，这相当于一颗昏暗的电灯泡所需的功率。相比之下，与人脑计算效率相近的超级计算机则需要20万瓦的功率。换句话说，人脑的能量效率是超级计算机的 1 万倍。

尽管如此，脑依然是人体所有器官中能耗最高的。虽然它的质量只占一个成年人体重的 2%~3%，但是却消耗了全身氧气的大约 20%，也正是由于这一原因，地球上大多数生物都没有脑。美国认知科学家和哲学家丹尼尔·丹尼特（Daniel Dennett）在他的著作《意识的解释》中描述了幼年期的海鞘，它在海中游荡并寻找可以定植的岩石。当找到岩石之后，它就不再需要脑了，于是就把脑给吃了。脑的能耗太高了，即便是像幼年期海鞘这样拥有脑的生物，也会在不再需要它时果断地将其舍弃。哥伦比亚裔美国神经科学家鲁道夫·利纳斯（Rodolfo Llinás）说："基本上，自然界有两种动物：动物以及没有脑的动物。后者被我们称为植物，它们不需要神经系统，因为它们不需要主动运动，它们不会在发生森林大火的时候拔根逃跑！任何需要主动运动的东西都需要神经系统，否则它会死得很快。"

科幻作家经常会想象未来的人类会拥有更大的脑，但这一想象与化石证据不符。我们的祖先克鲁马努人是一种生活在 4 万至 1 万年前的史前人类，实际上他们的身体和脑比我们的要大 5%~10%。一个可能的原因是他们每时每刻都要担心自己的生死存亡。而如今，我们大部分人都生活在相对安全的环境中，不需要自己打猎和觅食，被驯化的家养动物比它们的野生近亲拥有更小的脑。正如古人类学家路易斯·李奇（Louis Leakey）所说："人类通过文明高效地驯化了自己。"因此，未来人类的脑不大可能比我们的更大，反而可能比我们的更小。

我们能否完全理解人脑？一些学者认为，这在逻辑上是不可能的。美国生物学家艾默生·M.皮尤（Emerson M. Pugh）说："如果人脑简单到能够被我们理解，那就意味着我们也简单到无法理解它。"从逻辑上说，皮尤是对的。人脑永远无法完全理解人脑，就像你永远不能提着自己的鞋带让自己停在半空中。不过，努力试图理解人脑的并不是只有一个人的脑，而是许多人的脑，即国际科学共同体的集体智慧。正如一句意大利谚语所说："所有的大脑并不装在同一个脑袋里。"

# 第 12 章

## 广义相对论

引力就是加速度。

# 第 12 章 广义相对论

> 如果一个正在观察鸟的物理学家落下山崖,他不必担心他的望远镜,因为望远镜会随他一起下落。
>
> ——赫尔曼·邦迪(Hermann Bondi)

一位天才对一个困扰人类 400 年的难题给出了一个简单的解释。这位天才就是爱因斯坦,而这个难题则是伽利略通过比萨斜塔实验提出的。据说伽利略曾经从比萨斜塔上扔下各种不同质量的物体,发现它们落地所需的时间相同。

这样的实验是很难实现的,因为表面积较大的物体会受到更大的空气阻力,而表面积较小的物体会受到较小的空气阻力,所以直到很久之后的一个实验才对此得出了明确的结果。1971 年 8 月,阿波罗 15 号的指挥官大卫·斯科特(David Scott)在无空气阻力的月球表面上让一把锤子和一根羽毛同时下落,当时的黑白电视机屏幕上出现了两团模糊的尘土,这无可争辩地说明锤子和羽毛是同时落到月球表面的。

稍微思考一下就会发现,这真的是一个非常令人困惑的结果。假设冰场上有两架相同的雪橇,一架是空的,另一架上面坐着一名儿童。现在假设用同样大小的力推动两架雪橇。显然,载有儿童的雪橇质量更大,或者说惯性更大,因此比空雪橇更难推动,即更难改变其速度,或者说更难加速。换句话说,对两个不同质量的物体施加同样大小的力所产生的加速度是不同的。

如果将上面的推力替换成引力,即对不同质量的物体施加相同的引力,那么它们应该获得不同的加速度才对。但实际上,它们下落的加速度是完全相同的。看来引力可以根据物体的质量进行调整,例如,如果一个物体的质量是另一个物体的两倍,那么它所受到的引力也是另一个物体的两倍,这样就能补偿质量的差异,使两者产生相同的加速度。

爱因斯坦的天才之处在于,他发现实际上并不需要引力做任何调整,因为有一种情况可以让所有不同质量的物体自动产生相同的加速度。

假设有一艘载着一名航天员的宇宙飞船,它位于一个远离地球等任何引力源的地方。此时,假设飞船的加速度为 1g①,于是航天员就能够站立在船舱的地板上,就像站在地球表面上一样。假设窗外是一片漆黑,而且船舱能够完美隔绝引擎产生的震动,那么此时这名航天员会认为船舱

---

① 1g 相当于在地球表面的物体受到地球引力所产生的加速度,其大小约为 $9.8m/s^2$。——译者注

就停在地面上。

现在，假设航天员手里拿着一把锤子和一枚图钉，从距离地板相同的高度放手。在航天员看来，这两样东西会在引力的作用下同时落到地板上，但我们知道事实并非如此，因为飞船周围没有任何引力源，所以实际发生的事情是，锤子和图钉放手后悬在空中，然后地板以 $1g$ 的加速度向上加速。显然，地板会同时撞上锤子和图钉，不然还能怎么样呢？对于伽利略所观察到的不同质量的物体会在引力的作用下以相同加速度下落的现象，这是一种看起来非常简单的解释。

爱因斯坦的智慧之处在于，他发现在地表受到引力的作用，与以 $1g$ 的加速度加速运动，这两种情况是完全无法分辨的。实际上，它们不只是无法分辨，而是一模一样的。我们发明了一种力称为引力，是因为我们不知道我们实际上是在做加速运动。

我们正在做加速运动这件事并不是显而易见的，也正是因为这样，爱因斯坦之前的所有人都没有注意到这一点。而且，这件事对那个航天员也并不是显而易见的，因为他也认为自己正在受到引力的作用。不过，假设航天员能从船舱左侧沿水平方向向右侧墙壁发射激光，那么他会注意到右侧墙壁上光点的位置要比左侧稍微低一点点。这是因为在激光穿过船舱的过程中，地板也同时在向上加速运动。（当然，这一效果非常微小，因为光速非常快，但这只是一个思想实验！）

然而，航天员认为他受到引力的作用，因此他会认为是引力让光线发生了弯曲，于是光线被向下拉了一点点。但实际上发生了什么呢？众所周知，光在任意两点之间总会沿最短的路径前进，也就是沿直线前进。但是，对于一张纸上的两个点，只有当纸本身平坦时，两点之间的最短路径才是直线。如果纸是褶皱的，那么两点之间的最短路径也不再是直线了。于是我们可以认为，既然光线向下弯曲了，那么整个空间就是弯曲的。而且，由于受到引力作用和做加速运动是无法区分的，因此引力也一定等同于空间的弯曲。

这就是我们为什么能够在不知不觉中做加速运动的原因：空间是弯曲的，尽管我们没有注意到。我们认为太阳和地球之间存在引力，就像一根无形的绳子拴着地球围绕太阳旋转。但其实这只是一种错觉。实际上，根据爱因斯坦的理论，是太阳的质量让其周围的空间发生弯曲，形成了一个低谷，地球在低谷的边缘运动，就像幸运大转盘里面的小球，它其实只是在惯性的驱使下，沿弯曲空间中的最短路径运动。这种路径称为"测地线"，可以理解为在平坦的白纸上用直线连接两点之后，将白纸弯曲之后的样子（见图 12-1）。

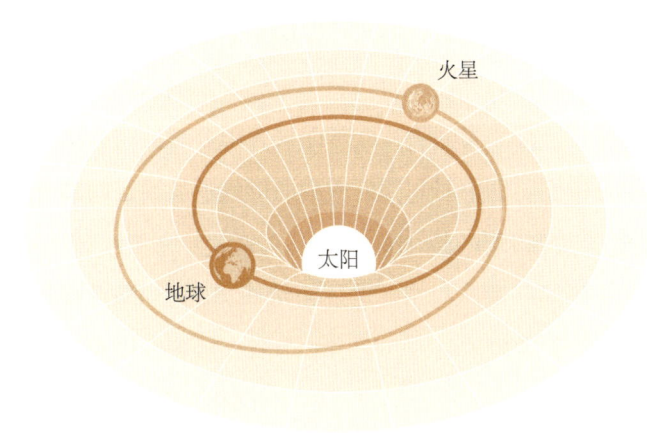

**图 12-1　行星围绕太阳运动**

说明：太阳使其周围时空形成了一个低谷，而行星就像幸运大转盘里的小球一样在低谷的斜坡上运动。

美国物理学家约翰·惠勒（John Wheeler）十分精辟地概括了爱因斯坦的引力理论："物质告诉时空如何弯曲，而弯曲的时空告诉物质如何运动。"这句话中的细节在于"时空"一词，即被物质弯曲的不仅是"空间"而是"时空"（其实弯曲时空的并不仅是物质，而是能量，而质能只是能量的一种最紧凑的形式）。

质量弯曲的不仅是空间而是时空，这一点可以帮助我们理解为什么我们能够在地球表面上做加速运动，与此同时我们还对此毫无察觉。和任何大质量的物体一样，地球也会使其周围的时空发生弯曲，而我们之所以没有跌落到时空的谷底，是因为脚下的大地提供了向上的支持力，阻止我们继续下落。尽管我们没有在空间中运动，但却依然在时空中运动,因为我们正在时间中运动。这让我们产生了一种引力的错觉,正如在空间中加速的航天员也会产生引力错觉一样。实际上,地球围绕太阳公转的路径很大程度上是由于时空中时间部分的弯曲形成的,而空间部分的弯曲产生的影响相对较小。

物质能够弯曲时空,这还会造成另一个重要的现象。假设有一种理想的时钟,它由一个激光器和一枚反射镜构成,激光器发出的激光通过反射镜反射回来,我们将激光一来一回所经过的时间称为这个时钟的"1秒"。假设有两个这样的时钟,一个放在地球表面,另一个放在高空中。越接近地表,引力越强,空间也越弯曲,地表的时钟中激光所走过的路径也越弯曲,这意味着激光需要更长的时间走完这段路径,因此地表时钟的1秒要比高空时钟的1秒更慢。换句话说,引力能够使时间变慢。

显然,这意味着住在较低楼层的人比住在较高楼层的人的年龄增长得慢,因为较低的楼层更接近地球的质心,引力也会稍微更强一些。实际上,2010年,美国国家标准技术研究所(NIST)的物理学家证明,在一座阶梯上,站在下面一阶的人的时间就比站在上面一阶的人的时间慢。这一差距十分微小,因为地球的引力相对较弱,但依然可以通过两个十分精确的原子钟测量出来。

光的上下波动就像一个时钟,引力也会让光振动得更慢。红光比蓝光振动更慢,因此这一现象被称为"引力红移"。引力红移由来自北美洲的两位物理学家罗伯特·庞德

（Robert Pound）和格伦·雷布卡（Glen Rebka）于 1959 年证实。他们通过在一座 22.6 米高的塔中向上发射光束测量出了引力红移。这是一项了不起的成就，因为在如此短的距离内引力红移效应是非常微弱的。不过，这一现象在白矮星所发出的光中却非常容易观测到，白矮星是一种超高密度的恒星，其表面引力非常强。

1915 年 12 月，正值第一次世界大战爆发期间，爱因斯坦在柏林的一系列讲座中发表了自己的引力理论。这一理论被称为"广义"相对论，因为它不仅适用于狭义相对论中所探讨的观察者以匀速运动的特殊情况，同时也适用于观察者的运动速度发生变化，即处于加速运动时的情况。它相比牛顿的引力理论更近了一步，因为牛顿的引力理论在很多方面是与狭义相对论矛盾的。

首先，牛顿引力定律认为太阳的引力可以瞬时影响地球——换句话说，引力，或者说引力的影响，是以无限大的速度传播的。因此，如果太阳奇迹般地突然消失了，那么地球应该会在瞬间注意到这一变化并立即飞离原本的轨道。然而，狭义相对论的一个基本观点就是没有任何东西的速度能够超过光速。既然光需要经过 8.5 分钟的时间才能从太阳到达地球，那么如果太阳突然消失，地球也应该继续公转 8.5 分钟之后才会注意到这一变化并开始飞离原本的轨道。爱因斯坦在广义相对论中解决了这一矛盾，广义相对论认为引力场也是以光速传播的。

牛顿引力定律与狭义相对论的第二个矛盾在于，在牛顿的理论中，质量是引力的来源，而狭义相对论认为所有能量都具有等效质量，因此它们都是引力的来源。这一矛盾在广义相对论中也得到了解决。

爱因斯坦经过10年的深思熟虑才将狭义相对论推广到广义相对论。其中，他最重要的一个灵感出现于1907年，当时他正在瑞士专利局做一名专利核查员，工作非常清闲。"突破忽然有一天就降临了。当时我正坐在伯尔尼专利局办公室的椅子上，突然一个想法冒了出来，如果一个人自由下落，那么他应该感觉不到自己的重量。"

此后，爱因斯坦一直将他关于自由下落的人感觉不到引力这一发现称为其毕生最幸福的一个想法。这个想法成了从狭义相对论跨越到广义相对论的桥梁，因为如果自由下落的人感觉不到引力，那么这个人的状态就可以用不包含引力的狭义相对论来描述，这意味着爱因斯坦可以在他1905年发表的理论的基础上继续进行扩展。然而知易行难，爱因斯坦花费了10年的时间，其间曾无数次走进死胡同，经过不懈努力，最终才完成了广义相对论这一非常成功的理论，并以此告诉人们引力只不过是时空的弯曲而已。

如果时空可以被质量或能量弯曲，那么它也会发生振动，产生起伏的波动。这就是引力波——一种由爱因斯坦在1916年预言的时空涟漪。由于引力非常弱，因此他怀疑引力波也非常弱，以至于无法被探测到。然而，在爱因斯坦去世16年后，人们发现了黑洞（参见第14章）。黑洞是已知最强的引力源，它的发现改变了一切。2015年9月

14日，美国物理学家成功探测到了由两个黑洞的合并所引发的，横跨半个宇宙才到达地球的引力波（参见第17章）。在爱因斯坦提出预言的近100年后，他的预言终于得到了证实。

# 第 13 章

## 人类演化

第一性原理
21堂科学通识课

用三个词来总结人类及其祖先的特点：
迁徙、迁徙，还是迁徙。

# 第 13 章 人类演化

我们居住在洞穴里的祖先的基因组中，是否已经包含了一组或多组基因，能够让现代人类创作出极其复杂的音乐以及撰写出含义深刻的小说呢？早期人类似乎已经具备了远超出适应当时环境所需要的智慧潜能。

——大野乾（Susumu Ohno）

大约 700 万年前的非洲，人类开始与黑猩猩、倭黑猩猩在演化路线上分道扬镳。在随后的数百万年中，多个古人类物种离开了他们出生的摇篮，通过数次迁徙前往世界的各个角落。我们这一物种——智人，大约出现于 30 万年前，曾经与其他一些古人类共同生活在地球上（见图 13-1）。然而，匪夷所思的是，其他古人类物种都已经灭绝，智人是目前仅存的一个人类物种。

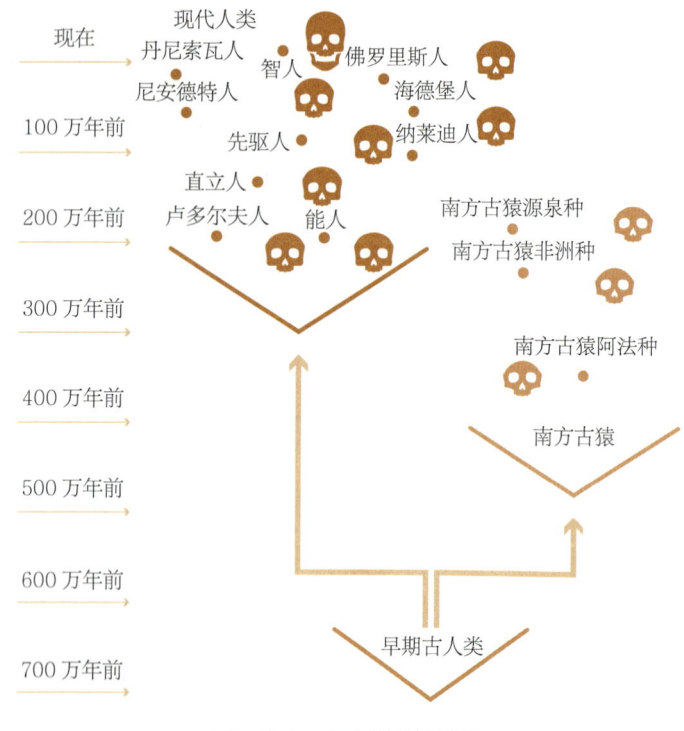

图 13-1　人类物种的演化

**留存到最后的人类物种**：尽管只有一个人类物种存活到现在，但在过去几百万年中，曾有数个不同的古人类物种共同生活在地球上。

人类与黑猩猩的演化分离可能是由于东非大裂谷的气候变化导致的。普遍干燥的气候导致森林面积缩小，古人类被迫走出森林来到稀树草原上。原本已经适应了草原生活的大批食草动物的诱惑可能也对古人类走出森林起到了一定的作用。

到大约 450 万年前，我们的祖先已经开始直立行走了一段时间，这让他们得以从其他大多数动物中脱颖而出。

对此，最生动的一个证据是在坦桑尼亚拉多里发现的，它的年代比 450 万年前这一时间点稍晚一点。大约 360 万年前，3 个南方古猿走过一片刚刚被落下的火山灰覆盖的区域，他们的脚印得以保留至今并展现在我们眼前。理查德·道金斯说："有谁不好奇这些人彼此之间是什么关系？他们漫步的时候是否牵着手？甚至他们是否交谈？他们在那个上新世的黎明一起做了什么被时光遗忘的事？"[1]

直立行走让我们的祖先能够去更远的地方寻找食物，以及从更远的地方发现捕食者的威胁。直立行走还解放了他们的双手来搬运食物、制作工具以及挥动武器。但是，创新总要付出代价。直立行走需要对腿骨的结构做出巨大的改变。不仅大腿骨要变得更长，骨盆要变得更短、更宽，而且还需要演化出更有力的臀部肌肉，即臀大肌，以便保持骨骼直立并带动它们进行奔跑。

所有这些改变都需要在直立行走能够带来任何生存优势之前完成，因此直立行走是如何演化出来的至今尚不完全清楚。其中一个有趣的可能是，人类最初的几步（字面意义上的）是在树上迈出的。长臂猿和红毛猩猩经常会在树枝间用双腿站立以便够到高处的多汁树叶和果子，因此我们的祖先可能当时也做了同样的事情。当他们来到草原上时，便保持了之前的行走习惯，可能是为了从一棵树移

---

[1] 理查德·道金斯，黄可仁. 祖先的故事：生命起源的朝圣之旅（上）[M]. 许师明，郭运波，译. 北京：中信出版集团，2019：81.

动到另一棵树以躲避危险。

尽管我们的南方古猿祖先已经学会了直立行走,但他们的脑依然很小——比其他猿类要大一点,但也就相当于一颗葡萄的大小。从此之后,越来越大的脑成了人类演化的趋势,形成这一趋势的一个原因是火的使用以及烹饪的发明。可以确定的是,火和烹饪出现于至少约40万年前,也有可能早在200万年前就已经出现了。大猩猩之类的猿类拥有相对于体重来说非常巨大的胃用来消化食物,这会消耗大量的能量。但是,烹饪能够将食物中的长链蛋白质分解成为可直接利用的氨基酸,它就像是一个位于体外的胃,分担了体内的胃的一部分工作。用于消化食物的能量减少了,这些能量就可以用来强化脑的功能,毕竟脑是一个更加耗能的器官,它消耗的能量占全身的约20%。促使脑容量增长的另一个因素是更大比例的肉食,因为肉类相比植物来说能量密度更高。

有了更大的脑,我们的祖先就可以从事更复杂的活动,如捕猎草原上危险的大型动物,这需要复杂的团队协作才能完成。大规模合作的证据来自男性和女性之间体型差异的逐渐缩小。在某些对雌性存在激烈求偶竞争的物种中,雄性的体型都比雌性要大得多,这样他们才能战胜其他雄性。而对于求偶竞争不太激烈,甚至是实行一夫一妻制的物种,就不再需要这样的"两性异形"了。减少雄性之间的斗争对于合作狩猎的团队来说非常重要。

拥有更大的脑也让我们的祖先得以发展出工具。不过,在漫长的岁月中，这些工具的样子并没有发生太大的变化。人类最早的工具是被敲碎后露出锋利边缘的鹅卵石，出现于大约 260 万年前的南方古猿晚期，但在之后的大约 100 万年中，工具的样子几乎没有发生变化。大约 170 万年前，出现了一些更复杂的手持石斧，它比之前的鹅卵石拥有更长更锋利的刃，但此后直到 30 万年前，工具的样子依然保持不变，这段时间被古人类学家称为"无聊的 140 万年"。

当然，可能这段时间也出现了木制工具但没能流传下来。但是，工具缺乏变化可能反映出在人类历史的大部分时间里，我们的祖先都是在 50 人左右的较小规模群落中生活的，因此发明和创新不容易广泛传播。像火这样的重要发现可能经历了数次发现、消失、再发现的过程。直到最后一次冰期末期，即 1.3 万年前，人类发明了耕种，伴随着食物的大量增加，人类才得以建立大规模的生活群落，增强了相互交流，使发明和创新能够快速传播。

直立人是第一个具有人类身体外形的古人类物种，他们出现于 190 万~180 万年前。在露天的草原上，直立行走具有一定的优势，因为这样可以尽量减小身体被太阳直射的面积。可能就是在这个时候，我们的祖先褪去了身上的长毛，变成了一种与众不同的"裸猿"。通过裸露的皮肤，直立人能够通过出汗的方式高效地散热。直立人还拥有长长的腿和强有力的臀大肌，他们是天生的奔跑者，也许他们曾长距离追逐野兽，不停地奔跑直到他们的猎物累倒在地。尽管比直立人跑得快的动物有很多，但其他的捕食者，甚至是狼，都没有直立人跑得远。

直立人是第一个走出非洲的古人类物种，可能是在气候变化的驱使下，他们于大约180万年前走出非洲，首先传播到西亚，然后是东亚和南欧。大约60万年前，可能有另一个古人类物种——海德堡人第二次走出非洲，他们是尼安德特人和现代人类的祖先。然而，尽管非洲通常被认为是人类演化的摇篮，但也有观点认为某些演化发生在非洲之外，然后这些古人类物种后来又回到了非洲。目前，并没有足够的化石记录证明存在这样的事件。

智人首先出现在30万年前的非洲，相比他们的祖先，智人具有显著增大的脑，并发展出庞大的新皮质，因此具备了更强的思维能力。智人分别于10万年前和6万年前先后两次走出非洲大陆，并逐渐取代了此前走出非洲的其他人类物种。

在欧洲，现代人类与尼安德特人发生了接触，他们与这些身材矮小粗壮，颧骨格外突出的古人类共同生活了几万年，随后尼安德特人于大约4万年前灭绝。实际上，说尼安德特人已经灭绝是不完全正确的，因为他们与我们的物种发生了混血。我们之所以知道这一事实，是因为在现代欧洲人的DNA中，有大约2%来自尼安德特人。而且，一个人携带的2%与另一个人携带的2%并不相同，再加上全世界总共有约80亿人，因此现存的尼安德特人DNA总量显然比他们在地球上存在的时候还要多！

尼安德特人可能是最后一个在地球上与我们共同生活

过的人类物种，我们只是侥幸胜出而已。大约 5 万年前，现代人类到达印度尼西亚的佛罗里斯岛（可能产生了灾难性的后果），那里是佛罗里斯人的家园。佛罗里斯人是在 2004 年才被发现的，他们有个昵称叫"霍比特人"，因为他们的身高只有 1 米左右。岛屿矮态常见于生活范围局促的物种，这是为了适应有限的食物资源，佛罗里斯人是唯一已知遭遇这一命运的人类物种。

佛罗里斯人有可能是直立人的后代，也可能是一种早于直立人走出非洲的未知古人类的后代。在 180 万年前的当时，大量海水被封锁在冰盖中，因此东南亚半岛的面积比现在要大，像佛罗里斯岛这样的岛屿在当时是可以直接通过陆地到达的。

随着现代人类的足迹遍布世界，他们不仅遇到过佛罗里斯人和尼安德特人，还遇到过丹尼索瓦人。丹尼索瓦人的发现来自 2008 年在西伯利亚阿尔泰山脉的丹尼索瓦洞穴中出土的一根指骨，人们发现大部分东亚人身上都有丹尼索瓦人的 DNA。这一发现提出了一个问题：还有多少我们没发现的其他古人类物种？由于大部分古人类物种的种群数量都不超过 10 万人，可能最多 100 万人，因此其骨骼化石是极其罕见的，有可能整个物种自始至终都没有留下任何痕迹，只有在他们曾与智人或智人的某个祖先发生过杂交的情况下，其 DNA 才会保留下来并诉说着他们的秘密。

为什么智人能够成为最后唯一幸存下来的人类物种呢？这依然是一个未解之谜。其中一种可能性与我们更长的童年有关。在过去的150万年中，自然选择演化在我们的婴儿期和青春期之间额外增加了6年的时间。实际上，这是由双足直立行走造成的，因为直立的姿态需要让臀部变窄，于是产道也随之变窄。由于我们的脑长得越来越大，这迫使我们还处于胎儿阶段时就要提早出生，将更多的生长发育过程留到子宫外完成。

重要的是，有证据表明尼安德特人的童年更短，他们可能早在十一二岁就能达到性成熟。童年时期人脑的可塑性更高，也拥有更强的重连接能力，因此更长的童年为我们提供了对快速变化的环境更强的适应能力，而当时正值冰期末期，气候快速变化，尼安德特人就在那时灭绝了。美国作家奇普·沃尔特（Chip Walter）说："若非拥有漫长的童年，我们也不会成为留存到最后的猿人。"

或许，人脑在童年时期的剧烈适应性变化能够解释为什么我们与祖先之间微小的DNA差异会产生如此不同的能力。尽管我们与黑猩猩有98%~99%的DNA都是相同的，但它们不会说话，更不会建造城市、制造智能手机或是登上月球。显然，一定有某种东西将这1%~2%的基因差异放大，最终形成现实世界中超乎想象的巨大优势。

# 第 14 章

## 黑洞

第一性原理 21堂科学通识课

一团极度致密的物质在时空中制造了一个无底洞，任何东西，甚至是光，都无法从中逃脱。

## 第 14 章 黑洞

黑洞是宇宙中最完美的宏观物体：其构造中的唯一元素就是我们的时空观念。

——苏布拉马尼扬·钱德拉塞卡（Subrahmanyan Chandrasekhar）

质量极大的恒星会产生极强的引力，甚至连光都无法逃脱，因此看上去是黑色的，第一个认识到这一点的是 18 世纪的一位神职人员和博学家约翰·米歇尔（John Michell）。尽管他预言了"暗星"的存在，但他的推理却是错误的，因为他错误地认为质量极大的天体是可以存在的，而不会由于其本身庞大的引力坍缩成一个微小的质点。直到爱因斯坦提出的引力理论取代了牛顿的理论之后，我们才能真实地描述在极大的引力下会发生什么。但令人意外的是，这一描述并不是爱因斯坦本人给出的。

卡尔·史瓦西（Karl Schwarzschild）是一位柏林天文学教授，在第一次世界大战爆发时他志愿参军，因为当时反犹太主义兴起，他需要以此证明犹太人也是爱国的德国人。此后，他在比利时管理过气象台，在法国的炮兵阵地计算过弹壳轨迹。1915 年 12 月末,他全身突发疱疹,剧痛难忍,并在阿尔萨斯前线的米卢斯战地医院被诊断为寻常型天疱疮,这是一种自体免疫疾病,即患者的免疫系统攻击自己的皮肤。

1915 年 11 月,爱因斯坦在柏林的普鲁士科学院举办了一系列为期四周的讲座,并在此期间发表了他的新引力理论。当时正在休假的史瓦西参加了 11 月 18 日的那场讲座。牛顿将太阳和地球之间的引力想象为一根无形的绳子,它拴着地球在轨道上公转,而爱因斯坦发现实际上是太阳的质量弯曲了周围的时空,形成了一个低谷,而地球则是在这个低谷的边缘运动,就像幸运大转盘中的小球一样。

问题在于如何计算出在任意质量下时空的精确弯曲程度,这是一个非常困难的问题,因为原本牛顿的理论中只有一个引力方程,而爱因斯坦却给出了 10 个,就连他自己也只能计算出太阳这样的恒星附近时空弯曲的近似解。然而,史瓦西却超越了爱因斯坦,他计算出了时空弯曲的精确解。史瓦西将他的解法发给了在柏林的爱因斯坦,爱因斯坦对此感到大为震撼。

但史瓦西并未止步于此。他发现如果恒星的质量被挤压到更小的体积,则其周围的时空低谷会变得更深,最终变成一个无底洞,任何东西,甚至是光,都无法从中逃脱。对于这样一个物体,它的名字要到半个世纪之后才被发明出来,但如今地球上几乎所有人都知道这个词,那就是

"黑洞"。①

当一颗大质量恒星迎来生命的终结，即它已经消耗了所有的燃料，不能继续产生向外膨胀的热量以抵抗向内收缩的引力，此时它将会变成一个黑洞。然而，爱因斯坦并不相信这样一种物体有可能会存在（但他同时也没有意识到他的理论暗示了宇宙大爆炸的存在——没有人是不会犯错的），而且持这样观点的并不只有他一个人。问题在于，如果一颗恒星坍缩到足够小并成为黑洞，那么它的引力将使其继续坍缩下去，直到它变成一个体积无限小，密度无限大的点。这样的"奇点"是无法容忍的，没有意义的，这意味着一个理论彻底失效，无法给出任何有意义的解释。

数十年来，物理学家们一直在努力证明大自然有办法防止引力将恒星压缩到这样一个可怕的奇点。20 世纪 20 年代，人们寄希望于量子理论。根据海森堡不确定性原理（参见第 7 章），如果组成物质的基本构件被挤压到足够近的距离，它们就会互相排斥，就像一群愤怒的蜜蜂。但是，在 1903 年，一位名叫苏布拉马尼扬·钱德拉塞卡的 19 岁印度物理学家证明，只要恒星的质量超过太阳的 1.4 倍，即便是量子理论也不足以防止它失控坍缩成为一个没有体积的点。

接下来，人们寄希望于旋转能够防止黑洞的形成，或

---

① 约翰·惠勒于 1967 年创造了"黑洞"一词，其灵感来自课堂上一名学生的提议。

许旋转产生的向外的离心力能够防止引力的失控。但是，在1963年，新西兰数学家罗伊·克尔（Roy Kerr）找到了能够描述在旋转中坍缩的恒星周围时空弯曲的精确表达式——其结果依然是一个黑洞。钱德拉塞卡后来写道："在我超过45年的漫长科研生涯中，最令我震惊的一次经历就是克尔发现了爱因斯坦广义相对论方程的精确解，它给出的精确表达意味着宇宙中充斥着无数个巨大的黑洞。"

还有一种可能，一颗大质量的恒星并非均匀坍缩，因此其中的物质也不会同时精准地集中于一个点上，这样也可以防止奇点的形成。然而，在1965—1970年，英国物理学家罗杰·彭罗斯（Roger Penrose）和史蒂芬·霍金证明了一系列奇点定理，并指出无论引力坍缩如何不均匀，奇点总是无法避免的。

在黑洞的数学研究方面取得进步的同时，却很少有人认真研究如何在宇宙中寻找真正的黑洞。几乎所有人都认为，因为黑洞会吸收一切，包括光，所以它们是黑的，在漆黑的宇宙空间中是不可能被观测到的。但他们错了，他们忽略了一点，即黑洞并不像在数学概念中那样是孤立存在的，而是镶嵌在星系物质之中，这一点改变了一切。

1971年，在位于英格兰东萨塞克斯郡赫斯特蒙索堡的格林尼治皇家天文台工作的两位天文学家保罗·默丁（Paul Murdin）和路易丝·韦伯斯特（Louise Webster）正在寻找位于天鹅座的一个强大的X射线源。他们瞄准了一颗编号为HDE 226868的巨恒星，发现它围绕着一个不存在的东西旋转。通过其轨道周期为 5.6 天这一线索，他们推算出这个不存在的东西是一个质量至少相当于太阳 4 倍的天体。一个质量巨大同时又完全黑暗的天体，符合这一条件的只能是黑洞。

天鹅座 X-1 是天文学家们在银河系中发现的 10 多个黑洞中的第一个。其中，X 射线（高能光束）来自从相邻的巨恒星上吸出来的物质，它们像流进地漏的水一样以漩涡状被吸进黑洞，并在这个过程中被加热到白炽状态。默丁和韦伯斯特指出，尽管黑洞确实是黑的，但处于周围环境中的黑洞却不是黑的。

天鹅座 X-1 是一个恒星级黑洞，它是由一颗大质量恒星形成的。这颗恒星在其生命末期发生超新星爆发，而它的内核却反过来向内坍缩。然而，早在多年前人们就发现了另一种完全不同类型的黑洞存在的证据，只不过当时没有人意识到它是一个黑洞。1963 年，加州理工学院的荷兰裔美国天文学家马丁·施密特（Maarten Schmidt）发现了类星体，它们的体积只有太阳系大小，但它发出的光却相当于一个包含 1000 亿颗恒星的星系所发出的光的 100 倍，驱动恒星的核聚变能量根本不足以产生这样的现象。1969 年，剑桥大学的天体物理学家唐纳德·林登－贝尔（Donald Lynden-Bell）提出，类星体只有一种解释，那就是大量物质在经过吸积盘被吸入黑洞的过程中被加热到数百万摄氏度，但这里的黑洞不是天鹅座 X-1 这种恒星级黑洞，而是质量相当于数百亿个太阳的超大质量黑洞。

类星体的大部分能量来自位于其中心的超大质量黑洞，而并非来自恒星发出的光，但具有同样特性的并非只有类星体一种，这种类型的星系还包括赛弗特星系和耀变体。由于这种活动星系只占所有星系的约1%，因此人们可能会认为超大质量黑洞是比较罕见的。然而，20世纪90年代发射的哈勃空间望远镜，由于其位于高空轨道消除了大气散射效应，因此能够观测到在很多星系中心高速运动的恒星，并证明它们都是在超大质量黑洞的引力作用下运动的。现在我们知道，几乎每个星系的中心都有一个超大质量黑洞，只不过在99%的星系中，黑洞都没有处于活动状态，因为它周围缺少足够的气体和撕裂的恒星。

2019年4月，由全球射电望远镜阵列组成的事件视界望远镜（EHT）得到了史上第一张黑洞照片，它被命名为M87星系，是一个质量相当于65亿个太阳的巨型怪兽。这张照片展现了事件视界表面的炽热气体，事件视界是一个临界点，越过这个临界点的所有物质和光都会有去无回，不会再次出现在我们这个宇宙中。EHT团队花了更长的时间对收集自射手座A*的数据进行分析，这是位于我们银河系中心的一个质量相当于43亿个太阳的超大质量黑洞。这张照片最终于2022年5月12日发布。

为什么在每个星系的中心都有一个超大质量黑洞呢？原因不得而知。是不是先有了超大质量黑洞，然后星系和恒星才以它为核心开始聚拢的呢？还是先诞生了星系，然后在其核心再形成超大质量黑洞的呢？这是一个宇宙级别的先有鸡还是先有蛋的问题。尽管天文学家已经明确知道恒星级黑洞是大质量恒星在生命末期发生超新星爆发形成的，但没有人知道超大质量黑洞是如何形成的。它们是由稠密星团中的恒星合并形成的呢，还是由巨型气体云直接坍缩形成的呢？对一些在宇宙诞生后几亿年内形成的星系所进行的观测让这个问题变得更加扑朔迷离，这些星系的中心已经形成了质量相当于数十亿个太阳的超大质量黑洞（见图 14-1）。

图 14-1　引力引擎

说明：某些星系的中心存在超大质量黑洞，它们强大的能量抛射出高速喷流，将大量物质喷射到所在星系之外的宇宙空间。

从宇宙尺度来看，超大质量黑洞和其所在星系相比还是很小的，就像洛杉矶这样的大城市中的一个细菌。然而，大小并不重要，重要的是它们所释放的庞大能量。超大质量黑洞的巨大能量可以从其两极抛射出超高速物质喷流。在星系的中心区域，喷流的速度很快，会将有可能形成新恒星的气体物质吹走，从而阻碍恒星的形成。而在星系的外围区域，喷流速度变慢，气体受到压缩，从而引发恒星的形成。

随着 EHT 发布更多超大质量黑洞的照片，人们将可以对爱因斯坦引力理论的预言进行精确的验证。同时，各种黑洞也是我们基本物理理论的测试场。实际上，爱因斯坦的引力理论预言黑洞中心存在一个毫无意义的奇点，这表明这一理论在此处是失效的，我们需要一个更深入更完善的理论。量子理论成功解释了亚微观领域中物质的基本构件，以及将这些基本构件结合在一起的三种非引力作用力。于是，人们希望能找到一种"万能理论"，将爱因斯坦的引力理论与量子理论统一起来，从而揭示黑洞中心到底发生了什么。

黑洞已经显示出爱因斯坦的引力理论与量子理论之间存在某种出乎意料且十分巨大的联系。1973 年，霍金对包围黑洞的事件视界这一单向膜的量子效应进行了思考。在远离黑洞的地方，量子理论告诉我们真空中充满了由亚原子粒子及其反粒子在瞬间出现和湮灭所产生的能量。然而，在事件视界的边缘，事情会变得不同。一对粒子和反粒子产生之后，其中一方可能会进入事件视界而落入黑洞。由于没有相反的粒子引发湮灭，留下来的粒子便会永久存在，从"虚粒子"的状态跃升为一个"实粒子"（参见第 19 章）。

根据霍金的理论,这些称为"霍金辐射"的粒子会持续从黑洞中流出,于是黑洞便不再是黑的了!在此之前,以色列物理学家雅各布·贝肯斯坦(Jacob Bekenstein)发现黑洞的表面积与它的熵相关。这是一个匪夷所思的结果,因为熵是一个衡量系统无序程度的热力学属性,它与温度相关。然而,一切存在辐射的物体都具有温度,霍金发现黑洞存在辐射,那么黑洞也一定具有温度。

对于恒星级黑洞来说,霍金辐射极其微弱,但对于宇宙大爆炸产生的微型黑洞来说却是非常显著的。霍金辐射的能量一定来自某个地方——它来自引力场本身。因此,当引力场随时间逐渐减弱,最终黑洞会在一道耀眼的霍金辐射中消失。这引出了一个难题,因为量子理论的基本性质是信息无法被消灭。当黑洞消失,或者说"蒸发"之后,原本描述变成黑洞的那颗恒星的信息,即描述构成恒星的每个原子的类型和位置的信息到哪里去了?至今这仍然是科学界中一个尚未解决且充满争议的问题。

用美国物理学家约翰·惠勒的话来说:"黑洞告诉我们空间可以像一张纸一样团成一团直到成为一个无限小的点,时间可以像被吹灭的火焰一样消失,而我们认为'神圣'且不可改变的物理定律也可以变得毫无意义。"

# 第 15 章

## 标准模型

第一性原理 · 21堂科学通识课

世界的纷繁复杂都来自三种基本作用力结合在一起的，区区三种基本构件的排列组合。

# 第 15 章 标准模型

当然,我想写的是红矮星和白矮星的故事,它们的记忆之镜,它们的宇宙火箭(以反引力驱动),它们的乘务员强子、胶子、π 介子、轻子和 μ 子,以及粲夸克和有色夸克。但我们不可能都是物理学家。

——多丽丝·莱辛

标准模型是一种关于世界基本构件以及它们如何相互结合的理论。它描述了万物——从星系、恒星到人——是如何由 12 种物质粒子组成的,它们通过三种非引力作用力产生相互作用,然后由一种称为希格斯玻色子的特殊粒子将其在整体上绑定在一起。尽管"标准模型"这个名字听上去平平无奇,但它是 400 年来物理学的巅峰,也是史上最成功的科学理论之一。以色列裔美国物理学家内森·塞伯格(Nathan Seiberg)说:"它为我们提供了高达 10 位小数的精度,这是之前在科学上从未取得过的成就。"

标准模型中的基本粒子分为两种:费米子(物质的构件)和玻色子(物质之间作用力的介质)。以电子为代表的费米子的一个重要特性是它们必须遵守泡利不相容原理,

169

即不允许两个相同的费米子在空间中处于同一位置。美国物理学家理查德·费曼说:"事实上,电子不能彼此堆积在一起以维持桌子和其他所有东西的固体形状。"与"社恐"的费米子不同,以光子为代表的玻色子都是"社牛",它们不受泡利不相容原理的制约,可以无限地彼此堆积在一起,无数光子可以在一束激光中一起流动。

我们先讲讲物质粒子——费米子。不可思议的是,我们和世界万物都是由区区三种费米子构成的:电子、上夸克和下夸克。夸克以三个为一组构成质子和中子,其中质子由两个上夸克和一个下夸克构成,而中子由两个下夸克和一个上夸克构成。[1] 质子和中子进一步构成原子核,再加上电子就构成了原子。自然界中天然存在的原子共有92种:从最轻的氢,到最重的铀。

尽管宇宙中的物质都可以解释为电子、上夸克和下夸克的无尽排列组合,但实际上还存在第四种物质粒子,它的性质与其他三种物质粒子大相径庭。中微子的质量只有电子的一百万分之一,而且它也极度"社恐",几乎不会与物质产生任何相互作用。中微子是恒星发光核反应的副产物(参

---

[1] 实际上,夸克也可以两个一对构成介子,其中包含一个夸克和一个反夸克(参见第19章)。夸克具有一种称为"色荷"的属性,它可以类比为"电荷",但具有三种不同类型:蓝、绿和红,但它并不代表实际的颜色。所有复合粒子,如质子和中子(含有一个蓝色、一个红色和一个绿色夸克),以及介子(含有一个任意颜色的夸克和一个相同颜色的反夸克),都是无色的,或者说是白色的。

见第 4 章），在宇宙大爆炸的最初时刻也产生了大量的中微子。宇宙中充斥着这种幽灵般的粒子，事实上，中微子是宇宙中仅次于光子的数量第二多的亚原子粒子（参见第 20 章）。

于是，四种物质粒子构成了世界万物。如果事情到此为止的话那就太简单了，但事实并非如此。出于未知原因，大自然决定将这四种基本构件复制三份，于是便额外多出两"代"物质粒子，它们之间的区别主要在于质量大小。因此，电子、上夸克、下夸克和中微子都属于第一代物质粒子，除此之外，还有第二代物质粒子：μ子、奇夸克、粲夸克和μ中微子，以及第三代物质粒子：τ子、顶夸克、底夸克和τ中微子（见图 15-1）。μ子具有和电子相同的性质，但其质量是电子的 207 倍，而 τ子的质量是电子的 3000 倍。所有的非夸克物质粒子统称轻子。

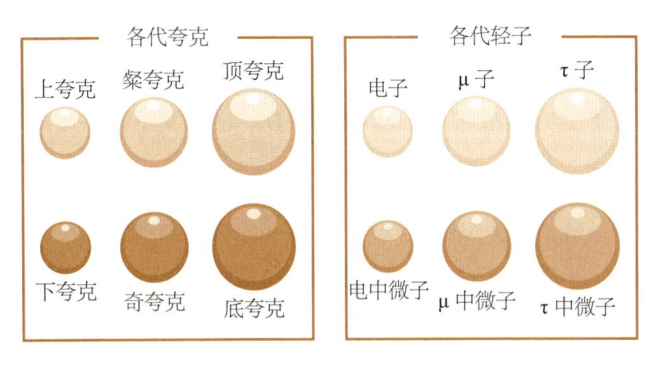

图 15-1 物质的构成

三生万物：通常的物质是由仅仅三种粒子的排列组合构成的：上夸克、下夸克和电子（再加上电中微子）。但出于某些神秘的原因，大自然将其基本构件复制了三份。

为什么会有三代物质粒子呢？物理学家们对此感到十分不解。美国物理学家伊西多·艾萨克·拉比（Isidor Isaac Rabi）在 1936 年发现 μ 子时说："这是谁定的？"更重版本的粒子是不稳定的，它们很快就会衰变为常见的第一代粒子。由于它们太重，需要很大的能量才能产生，因此如今我们只能在粒子加速器以及高能宇宙射线中见到它们。不过，它们也会在宇宙大爆炸的高能条件下产生，因此我们有理由相信它们在如今的宇宙形成的过程中扮演了重要的角色。

讲完了构成我们的基本物质粒子，下面来讲讲将它们结合起来的基本作用力。非引力作用力分为三种：电磁力、强力和弱力，每种力都有一种对应的粒子，即承载作用力的玻色子。想象一下有两名网球运动员在来回击打网球，力通过网球撞击球拍的方式在两名运动员之间传递，而载力粒子也是以这种方式在物质粒子之间传递作用力的。①

电磁力是最常见的基本作用力。它不仅将物质中的原子绑在一起，还建立了我们这个紧密连接的电力世界（参见第 2 章）。电磁力会作用于所有带电荷的物体，所以它会作用于电子类的粒子和夸克，但不会作用于呈电中性的中微子。对于一个静止不动的电子来说，其电磁场会向各个方向传播，但如果凑近了看，会发现它是由电磁场的粒

---

① 像所有类比一样，这种类比并不完美。它只能解释排斥的力，而不能解释吸引的力，这需要对"量子"更加深入的理解。

子——光子构成的。

第二种基本作用力是强力。它体现了轻子和夸克的主要区别,因为强力只作用于夸克而不作用于轻子,所以它会作用于由夸克构成的质子和中子。强力负责维持原子核的结构,也是核裂变和原子弹爆炸所释放的能量的来源。正如光子对应着电磁力,也有一个粒子对应着强力,它就是胶子(实际上,胶子不是只有一种类型,而是有八种类型)。此外,正如电子是电磁场的发生源,夸克则是胶子场的发生源。但这里有一个主要且显著的不同点。电子所产生的电磁场是辐射状传播的,其强度会随传播距离而衰减,但夸克会产生一条细长的"通量管",就像一根丝线一样,它只能连接到另一种不同类型的夸克,因此强力不会随距离衰减,而且其强度很高。

因为夸克是由通量管相连的,所以它们无法被分开,我们也不可能见到一个单独的夸克。[1] 夸克总是在质子、中子这样的复合粒子内部以相互结合的方式存在。

第三种基本作用力是弱力。和强力一样,它也只作用在亚原子尺度。弱力是唯一一种作用于所有粒子的力(实际上,弱力是唯一能作用于中微子的非引力作用力)。不过,弱力并不能让粒子相互结合,而是会产生一种特别的却很显著的作用:它能改变夸克的身份。例如,在放射性

---

[1] 要分开两个夸克需要巨大的能量,这一能量足以产生一个新的夸克-反夸克对的质能(参见第10章),因此夸克永远无法孤立地存在。

β 衰变过程中，原子核中的一个中子会变成一个质子，此时弱力会将中子的一个下夸克变成上夸克。

弱力负责参与太阳产生热量的核聚变反应以及地球内部的放射性衰变，这一过程可以维持地球内部温度，从而让生命的诞生成为可能（参见第 4 章）。同时，它也是较重的第二、三代物质粒子会快速衰变为构成常见物质的稳定费米子的原因。

正如电磁力对应着光子，强力对应着胶子，弱力也对应着一种载力玻色子，实际上应该是三种：$W^-$、$Z^0$ 和 $W^+$ 玻色子。

标准模型的最后一块拼图是希格斯玻色子，它负责维系所有这一切（参见第 18 章）。它之所以如此重要，是因为它修正了标准模型中一个引发问题的属性：所有的物质粒子都没有质量！希格斯玻色子为所有费米子赋予了质量。实际上，完成这一任务的并不是希格斯玻色子，而是希格斯场。我们可以将希格斯场想象成充满整个空间的黏稠糖浆，它会阻碍费米子的运动，从而使之产生对运动的阻抗，我们将这一阻抗称为惯性或者质量。这一类比并不完美，因为费米子在相对于希格斯场静止时依然具有质量。

我们每天都生活在希格斯场中，却从未察觉到它的存在，这看上去有些难以置信。不过，如果向希格斯场中的一个位置注入足够的能量，就会在场中激起涟漪，这就是希格斯玻色子。研究瑞士日内瓦附近的大型强子对撞机（LHC）的物理学家于 2012 年 7 月 4 日宣布发现了希格斯玻色子。2013年，彼得·希格斯（Peter Higgs）被授予诺贝尔物理学奖，以表彰其在1964年就预言了希格斯玻色子的存在。

于是，我们便得到了完整的标准模型。它包含12种物质粒子，即费米子，以及12种载力粒子，即玻色子，再加上希格斯玻色子，它是唯一不传递力的玻色子，但它显然扮演着更加与众不同的角色。

实际上，希格斯玻色子是希格斯场的涟漪，就像麦田中的麦浪一样，这一点也揭开了标准模型中所有基本粒子的真相：它们都是在充满空间的量子场中荡漾的涟漪（参见第7章）。电磁场的涟漪是光子，电子场的涟漪是电子，以此类推。归根结底，一切都是由场构成的。这些场在物理定律的支配下迈着错综复杂的舞步，它们之间的相互作用造就了整个粒子物理世界。尽管物质从根本上是由场构成的，而且标准模型在本质上是一种量子场论，但它依然可以用粒子的语言来解读。

标准模型获得了巨大的成功，它以超凡的精度预言了我们所见到的一切。实际上，它有些过于成功了。我们知道它并不正确，但它并没有露出任何裂缝让我们能看到下面还藏着什么更深入更接近真理的理论。我们知道它并不正确，是因为它没有预言粒子作用力的相对强度以及质量。例如，为什么顶夸克的质量是电子的100万倍？为什么大自然要将其基本构件复制三份？为什么中微子的质量如此微小？物理学家们没有答案。

标准模型的另一个严重问题在于，它没有包含我们日常生活中最常见的一种基本作用力：引力。我们从粒子实验中得不到解决这一问题的线索，因为引力在微观尺度上太弱了，它基本上不会对单个亚原子粒子产生任何作用。不过，我们确实有一个成功的引力理论，这要感谢爱因斯坦。但他的广义相对论认为引力是由时空弯曲产生的，而不像其他三种力一样可以描述为载力粒子的量子交换，后者已被证明是一种成果丰硕的理论（参见第12章）。我们不知道如何将爱因斯坦的理论"量子化"，以便一窥量子引力效应支配下的黑洞核心。美国物理学家丽莎·兰道尔（Lisa Randall）说："粒子物理学标准模型很好地解释了力和粒子，但当你把引力扔进方程时，它就会瞬间崩塌，你需要捏造数值才能让它成立。"

然而，和最近数十年来标准模型中一个愈发显著的问题相比，上面这些问题都显得没有那么重要了。物理学家们发现标准模型只描述了整个宇宙中 5% 的质能。天文学家们发现，宇宙中大约 25% 的质能是以一种神秘物质的形式存在的，这些物质不会发出任何可探测的光，它们的存在只能通过与可见的恒星和星系发生引力作用才能被察觉。没有人知道这些"暗物质"到底是什么，有人说它们是宇宙大爆炸的炽热火球形成的黑洞，也有人说是至今尚未被发现的亚原子粒子。如果暗物质是后者，那么就意味着还存在一整个"暗区"的粒子以及在它们之间发生相互作用的"暗力"，这些我们统统都没有发现。

这还不是最糟糕的，整个宇宙中高达 70% 的质能都以"暗能量"的形式存在。它具有负引力，从而加速宇宙的膨胀（参见第 21 章）。当使用标准模型预测真空能量密度（暗能量）时，它的计算结果是我们实际观测数值的 1 后面 120 个零那么多倍，这强烈预示着我们忽略了某些非常重要的东西。美国天文学家史塔西·麦高（Stacy McGaugh）说："可能我们现代宇宙学中最尴尬的一点就在于那些占大部分却看不见的成分。暗物质和暗能量占据了宇宙 95% 的质能，但我们除了它们的名字之外对它们一无所知。"

# 第 16 章

## 量子计算机

它们要么是能利用自己在平行宇宙中的分身，要么是表现得像是能做到这一点一样。

## 第16章 量子计算机

即便你能想象出算盘和世界上最快的超级计算机之间的差距,你也依然丝毫无法想象出相比我们现在的计算机来说,量子计算机有多么强大。

——朱利安·布朗(Julian Brown)

20年后的某个时候,一台量子计算机正准备解决一个问题。此时,它瞬间分裂出多个自己的分身,每个分身都能独立计算一个分支。在不到一秒的时间内,这些分支合并到一起并产生一个答案,而世界上最快的超级计算机需要花费比宇宙年龄还长的时间才能得出这个答案。简而言之,这,就是量子计算机。

就像电曾经改变了世界一样,量子计算机也具有改变世界的潜力。例如,它可以让神经网络产生等同于人脑,甚至超越人脑的人工智能。

现在,一台量子计算机要么真的能利用自己在平行宇宙中的无数个分身,要么是它表现得像是能够利用自己在平行宇宙中的无数个分身一样。不出意外地,大多数物理学家相信后者。不过,牛津大学的量子计算先驱大卫·多伊奇（David Deutsch）却相信前者。他认为，量子计算机是一种崭新的东西，是人类建造的第一台能够利用平行宇宙的设备。他的这一观点是有充足理由的，我们稍后会进行解释。

量子计算机利用了原子等粒子能够同时做多件事的能力来同时完成多次计算（参见第 7 章）。我最早接触到"量子计算机"这个词是在 1983 年，当时我在加州理工学院听理查德·费曼的系列讲座。费曼曾经参与过原子弹的研制工作，并因在量子电动力学理论方面的贡献获得了诺贝尔物理学奖，而且他还会敲邦戈鼓！当时，他刚做完癌症手术，还处在恢复期，因此加州理工的老师们都很照顾他，允许他讲任何他喜欢的话题。他的讲座题为"计算机的潜力与极限"。他对计算机的终极物理学极限很感兴趣，如电子元件能做到多小，计算机的速度能达到多快，等等。当时，作为计算机基本构件的一个晶体管，包含大约 1000 亿个原子，而如今的一个晶体管中只包含 2.5 万个原子。但是，费曼认识到晶体管缩小的极限就是单个原子的大小，但在这个尺度上它会被量子理论所支配，这会产生一头全新的野兽——量子计算机。

普通计算机是由晶体管构成的，每个晶体管可以表示一个比特——0 或者 1，这取决于晶体管是否允许电流通过。而量子计算机由量子比特构成，每个量子比特可以同时表示 0 和 1（或者说，在一个宇宙中表示 0，在另一个宇宙中表示 1）。因此，一个量子比特可以同时参与两次计算——在一次计算中作为 0，而在另一次计算中作为 1。两个量子比特可以同时表示 4 种可能性——01、11、10、00，因此就可以同时参与 4 次计算。3 个量子比特就是 8 种，以此类推。

你开始理解量子计算机的恐怖性能了吗？每增加一个比特，普通计算机只能增加有限的性能；而每增加一个量子比特，量子计算机的性能就可以翻倍，这种指数级增长的算力将很快碾压哪怕是最大的超级计算机。

我们换一种方式来理解量子计算的力量。1965 年，美国工程师戈登·摩尔（Gordon More，后来成为美国芯片制造商英特尔公司的联合创始人）发现计算机的算力，即计算机能处理、存储的比特数量等差不多每两年会翻一倍。这种翻倍增长的趋势从 1949 年起一直延续至今，它被称为"摩尔定律"。相比之下，可用的量子比特数量大约每 5 年会翻一倍，这看起来似乎平平无奇。但是别忘了：每增加一个量子比特，量子计算机的算力就会翻倍。于是，量子计算机虽然还处在萌芽期，但其算力的增长并不是指数级的，而是指数的指数级的。换句话说，在经历 4 次摩尔定律的翻倍增长之后，传统计算机的性能将变为原来的 16 倍，而同样经历 4 次摩尔定律的翻倍增长之后，量子计算机的性能将变为原来的大约 6.4 万倍。

不过，当一台量子计算机拥有超过 270 个可用的量子比特时，它能同时进行的计算数量就已经超过宇宙中所有基本粒子的总数了。因此多伊奇提出了一个合理的问题：

量子计算机是在哪里进行这些计算的？毕竟，整个宇宙都没有那么多物理资源来进行这些计算，而你的计算机只有在内存空间充足的情况下才能完成计算。多伊奇的答案是量子计算机利用了平行宇宙中的物理资源，他认为，量子计算机迫使我们严肃地思考平行宇宙这件事。

对于尝试建造通用量子计算机的人们来说，他们面临三个主要的问题：第一，建造硬件；第二，纠正错误；第三，找一些有用的事给它做。

就拿建造量子计算机这个问题来说，量子系统并不是小的物体，而是孤立的物体。只不过将一个原子从周围环境中孤立出来，比将像你这么大的物体从周围环境中孤立出来要更容易，因为空气分子和光线中的光子无时无刻不在撞击着你。

尝试建造量子计算机的人们面临的问题是，他们需要让较大的物体保持量子性，因为量子比特非常脆弱，一旦被周围环境影响就会丧失可以同时做多件事的超凡能力。解决这一问题的办法是将量子比特（它们可以是原子、电子或者类似的量子体）放在极其纯净的真空中，以确保空气分子不会撞到它们，并将它们冷却到接近绝对零度，即可达到的最低温度，以确保热产生的光子不会撞到它们。

但这种办法无法做到完美，我们永远无法完全杜绝某些漏网的空气分子和光子撞到量子比特，导致它们丧失量子性，发生退相干并变为普通的比特。这种错误是可以纠正的，但对于每个量子比特，需要额外 10~100 个量子比特才能纠正它的错误。传统计算机每执行一亿亿亿次操作才会发生一次错误——即 0 反转成 1 或相反的错误。然而，量子计算机大约每执行 1000 次操作就会发生一次错误，这个概率太高了，我们甚至不确定纠错机制在现实中能不能跟得上错误积累的速度。

目前保持世界纪录的量子计算机是 IBM 于 2021 年 11 月发布的，它拥有 120 个量子比特，几乎是谷歌建造的前任纪录保持者的两倍。不过，这个量子比特数量是具有欺骗性的，因为其中只有很小一部分量子比特可以用于计算，剩下的都用来纠正用于计算的那些量子比特中所积累的错误。

除了建造和纠错所面临的问题之外，那些尝试建造量子计算机的人还面临着第三个挑战，那就是找一些有用的事给量子计算机来做。尽管量子计算机可以分裂出无数个自己的分身，每个分身都能独立计算一个分支，最后这些分支合并到一起并产生一个答案，但我们无法访问那些独立的分支，而且，要想得到答案，我们必须与量子计算机产生交互，消除其量子性。坦白来说，要找到需要大量并行计算且最终只产生一个答案的问题是很困难的。

尽管如此，1994 年，美国数学家彼得·秀尔（Peter Shor）还是找到了一个可以由量子计算机解决的重要问题：它可以破解用来加密所有银行和互联网数据的 RSA 密码。RSA 加密依赖于某种正向容易完成但反向极难完成的操作。我们很容易求出两个大质数的乘积，却很难对一个大数求出其质因数，而后者便是想要破解 RSA 加密信息的人必须要面对的问题。加密信息的安全性依赖于这样一个事实：即使在最快的超级计算机上，破解者也需要几百年才能找出这些质因数。秀尔指出，量子计算机可以在一瞬间达成目标。（秀尔的成就并非仅限于此，他在 1995 年证明了量子计算机的完美纠错至少在理论上是可能的。）

秀尔算法引起了人们的极大关注和重视。在 1994 年，没有任何量子计算机能够实现该算法，这一点也不重要，关键是一旦可用的量子计算机被建造出来，世界上交换的每一份加密信息都将被解读，甚至有传言说，情报机构和犯罪分子长期以来一直在收集大量的金融和互联网数据，就盼着这一天的到来。

当然，像秀尔算法这样有用的算法可能少之又少，而且我们永远不可能建造出能解决我们想象范围内任何问题的通用量子计算机。然而，即使能证明这是真的，一种有限形式的量子计算机仍然可以颠覆性地改变世界。为什么呢？因为有一件事量子计算机肯定能做到——模拟量子系统的行为。它没有理由做不到这一点，毕竟量子计算机本身就是一个量子系统——本质上它是一个可编程的分子。实际上，费曼在 1983 年首次设想出量子计算机，正是为了模拟量子系统。

物理学家从不愿意承认的是，他们只能精确地解决一个问题：二体问题。例如，他们可以预测电子在最简单的原子（氢原子）中围绕质子运行的方式，或者月球围绕地球运行的方式。除此之外，物理学中的其他东西都是近似的。例如，当向一个原子中加入更多电子时，每个电子的行为都取决于所有其他电子的行为，这样的问题将很快变得非常复杂，即使是超级计算机也无法建立相应的模型。

然而，每个原子和分子的行为都取决于其电子的排列，它正是通过这些电子与外界产生相互作用。电子的排列决定了它的化学性质以及其导电性和导热性等性能。但我们无法预测任何多电子系统的行为，因为我们只能精确地解决二体问题，而无法精确地解决三体问题或是"N体问题"。

但量子计算机可以。

目前，我们不得不开展昂贵和耗时的药物试验。这些试验之所以必要，是因为我们无法预测药物分子对其目标细胞所产生的行为。但是有了量子计算机，我们就可以规避这些试验，并预测亿万种候选药物的行为。这意味着我们只需要对少数成功的候选药物开展试验，以检验其是否存在意外的副作用即可。

智能手机和特斯拉电动汽车之所以能够走进现实，得益于锂离子电池的发展，它可以在很小的体积内储存大量的能量。但是，全世界的锂资源已经捉襟见肘，而要找到用于制造电池的性能更好的新材料，需要实际合成和测试成千上万种候选分子，这和药物试验一样昂贵和耗时。然而，有了量子计算机，我们就有可能预测出亿万个分子的行为，从而对锂离子电池进行改进。

世界上约有40%的人口依赖小麦作为主粮，种植小麦需要使用化肥，而化肥的生产依赖于弗里茨·哈伯（Fritz Haber）设计的哈伯-博施法（不幸的是，在后来的第一次世界大战中，哈伯曾主导过恐怖毒气的研制工作）。哈伯-博施法简称哈伯法，它可以从空气中提取氮元素用来制造作为化肥基本原料的氨气。问题是，它的能耗极大，基本相当于全球航空业的总能耗。实际上，一块方形面包的碳足迹中，有40%来自哈伯法。

不过，哈伯法并不是我们的唯一选择。植物的根部可以利用细菌高效地从空气中提取氮元素，而这些细菌是利用固氮酶来完成这一过程的。不过，固氮酶过于复杂，超出了我们的理解能力，但如果能够理解它的工作原理，我们不仅可以模仿它，甚至还可以改进它。这意味着我们可以彻底抛弃十分低效且耗能的哈伯法，从而对减少排放、抑制全球变暖带来重大影响。

因此，即便没有通用量子计算机，我们依然可以通过崭新的超高效化学反应为世界带来颠覆性的改变，这些化学反应可以帮助我们从岩石中提取贵金属以及从大气中封存二氧化碳。但如果通用量子计算机真的可以实现，那么未来将超乎所有人的想象！

# 第 17 章

## 引力波

第一性原理 21堂科学通识课

它们是在像鼓皮一样的时空表面产生的振动——是宇宙的声音。

## 第 17 章 引力波

> 女士们、先生们……我们探测到了引力波。我们成功了!
>
> ——大卫·雷茨（David Reitze）

引力波是时空结构中的波动，它以发生源为中心向外扩散传播，就像池塘水面上的同心涟漪。爱因斯坦在 1916 年预测了引力波的存在，这是基于他于 1915 年 11 月在柏林提出的引力理论——广义相对论所得出的结果（参见第 12 章）。

根据广义相对论，质量——或者更广义地说，能量可以弯曲时空。事实上，引力就是时空的弯曲。尽管我们觉得自己是被一种称为引力的"力"粘在了地球表面，但其实我们是站在地球的质能所创造的时空低谷的斜坡上。我们之所以没有意识到这一点，是因为时空是四维的，而我们只能感知到其中三个维度，只有爱因斯坦天才般的洞察才能看透其中的奥秘。时空也可以发生波动，从而产生引力波，这从本质上证明了时空实际上是一个可以被物质的存在扭曲的"物体"。

只要物质的运动状态发生改变，或者说处于加速状态，就会产生引力波。在空中挥手，你就产生了无形的时空涟漪，它现在正以光速从你的手向外传播，转眼间它已经飞出地球大气层，越过月球向火星飞去。经过四年多的时间，它将到达离我们最近的恒星系统——半人马座α。这个恒星系统包括三颗恒星，其中之一的比邻星已经确认有一颗行星在围绕它运行。如果这颗被称为"比邻星b"的行星上存在一个先进的技术文明，而且他们建造了一个超级灵敏的引力波探测器，那么你刚才在空中挥手发出的引力波就会在四年后被他们接收到！

实际情况是，这样的引力波非常微弱，难以被探测到，因为引力是一种非常微弱的力，这等同于说时空是非常坚硬的。事实上，时空比钢铁还要坚硬1000亿亿亿倍。让鼓皮振动起来很容易，因为它具有很好的弹性，但可以想象要让一张比钢铁坚硬1000亿亿亿倍的鼓皮振动起来有多难。时空的硬度高得如此令人难以置信，这意味着明显的引力波，即那些可能被地球上的实验所探测到的引力波，只能是那些由宇宙中最剧烈的质量运动所产生的引力波。在实践经验中，这指的就是像黑洞这样的超致密物体的灾难性合并（参见第14章）。

这样的事件很少发生，因此即使是距离我们最近的事件也可能发生在宇宙中非常遥远的地方。这意味着，当这些引力波到达地球时，由于在广袤的空间中走了很远的距离，它们已经严重衰减，就像池塘中的涟漪距离发生源越远就会变得越微弱一样。

引力波在经过时会引发空间的伸缩,但是这种效应太微弱了,在像人这样小尺度的物体上是无法测量出来的。为了能探测到引力波,我们必须在一个非常大的物体上观测其伸缩。

在美国路易斯安那州利文斯顿,有一把4千米长的"激光标尺"。在千里之外的华盛顿州汉福德,有另一把同样4千米长的"激光标尺"。2015年9月14日美国东部夏令时间凌晨5点51分,位于利文斯顿的标尺发生了抖动,而7毫秒(不到百分之一秒)之后,位于汉福德的标尺也发生了同样的抖动。这毫无疑问就是引力波留下的痕迹。

在细菌还是地球上最复杂生物的时候,一个遥远的星系里,两个怪兽级的黑洞被牢牢锁定在一个死亡旋涡中。它们最后一次围绕对方旋转之后,互相亲吻并融合在一起。在那一瞬间,它们释放出了一场撕裂时空的海啸。

这一事件的威力是超乎想象的。在氢弹爆炸中,大约1千克的质量会被转化为其他形式的能量,主要是核爆的热量。然而,在两个黑洞的合并中,相当于太阳3倍的质量在瞬间消失,并以引力波的形式重生。这些引力波的能量相当于宇宙中所有恒星发出的总能量的50倍。或者换一种说法,如果黑洞合并发出的是光而不是引力波,那么这些光的亮度将相当于整个宇宙亮度的50倍。

黑洞合并产生的引力波在宇宙空间中传播了14亿年,并在这个过程中不断减弱。当它穿过半人马座 α 和太阳之间的宇宙空间时已经衰减得极其微弱，所产生的效应也只能让两颗恒星之间原本9万亿千米的距离产生0.01毫米的变化。为了探测引力波，汉福德和利文斯顿的科学家们成功地测出了他们4千米长的激光标尺上发生的微小长度变化，这一变化仅相当于一个原子直径的一亿分之一。想想看，1000万个原子排起来也就只有一句话结尾处的句号那么宽，由此可见这是一个何等惊人的成就。

位于汉福德和利文斯顿的这两把4千米长的激光标尺合起来被称为LIGO，全称为"激光干涉仪引力波天文台"。LIGO是一个技术杰作，它的每个站点都有两条4千米长、呈L形排列的臂。所谓的臂其实是直径1.2米的管道，其内部是比宇宙空间还要纯净的真空，并在其中发射功率高达1000千瓦的激光束。每根管道的末端都有一面40千克重的镜子，由只有几根头发丝粗细的玻璃纤维悬挂起来，这些镜子能近乎完美地反射99.999%的光线。2015年9月14日，这些悬挂的镜子发生了细微的抖动，我们才得以捕捉到那一阵正在经过的引力波。

实际上，LIGO是世界上最灵敏的地震仪，其灵敏度足以探测到在美国另一侧发生的风暴，在几十千米外道路上行驶的汽车，甚至可以辨别出LIGO的工作人员在探测器臂旁边骑自行车。它可以对数百千米外海浪拍击海岸的振动做出反应，也可以记录地球上几乎所有的明显地震。而要捕捉到引力波经过时引发的近乎无限小的抖动，就需要将LIGO与上面那些平凡的振动隔离开来。这是一个巨大的挑战，但是我们已经突破了这一挑战，LIGO中悬挂的镜子成功地因14亿光年外发生的事件产生了抖动。也正是因为这一成就，2017年，LIGO项目背后的3位科学家——雷纳·韦斯（Rainer Weiss）、基普·索恩（Kip Thorne）和巴里·巴里什（Barry Barish），被授予诺贝尔物理学奖。

2017年夏天，位于意大利比萨附近的欧洲引力波探测器Virgo加入了LIGO计划。2020年2月，日本的大型低温引力波望远镜KAGRA也加入了LIGO计划。此外，LIGO印度也预计将在2024年内加入该计划。到目前为止，人类已经探测到超过90个引力波爆发事件。

这些引力波事件中大多数都是由黑洞合并引发的。黑洞是大质量恒星生命的终点，当这样一颗恒星作为超新星爆发时，它发出的光通常会超过一个拥有1000亿颗恒星的星系，但矛盾的是，此时它的核心反而会向内坍缩（事实上，人们认为超新星爆发正是由这种坍缩引发的）。随着内核的加速坍缩，恒星的密度越来越大，其引力也会变得越来越强，最终任何东西，甚至是光都无法逃脱如此强大的引力。这就是黑洞诞生的时刻。

LIGO探测到的这些黑洞构成了一个巨大的谜题，因为它们的大小远远超过了人们的预期——就第一对黑洞而言，其质量大约是太阳的30倍。问题是，在超新星爆发中，恒星的大部分物质都会被吹散到宇宙空间中，只有很少的物质会最终坍缩形成黑洞。要形成一个质量相当于30个太阳的黑洞，需要一颗质量至少是太阳300倍的恒星。这样的恒星非常罕见，实际上几乎可以认为是不存在的。

最近，在 2019 年 5 月 21 日，人们又探测到另一个事件，让这一问题变得更加严峻。在这次事件中，一个有 66 个太阳质量的黑洞与另一个有 85 个太阳质量的黑洞合并，形成了一个巨大的有 142 个太阳质量的黑洞。在此过程中，有 9 个太阳的质量被转化成了光，这是我们有史以来观测到的最强烈的爆发，在这一瞬间所释放的引力波大约相当于宇宙中所有恒星能量总和的 150 倍。

上面提到的有 66 个和 85 个太阳质量的黑洞，其问题在于，它们实际上处于一个禁忌的范围，即 50~135 个太阳质量，人们预计质量在这个范围内的恒星不会形成黑洞。这是因为如此大质量恒星的内部温度会高达 3 亿摄氏度，在如此高的温度下，光子的能量会自发地转化为电子－正电子对的质能（参见第 19 章）。电子和正电子向外产生的压力要小于光子产生的压力，于是恒星内部便无法产生足够的向外的推力，不足以对抗向内坍缩的引力，因此它会坍缩得比正常的超新星更加剧烈。这种"生对不稳定性超新星"会发生极其猛烈的爆发，而且爆发后不会留下任何东西，甚至连黑洞的残余都没有。

有一种假说认为，有 66 个和 85 个太阳质量的黑洞并不是由一颗超新星形成的，而是由其他更小的黑洞在更早的时候合并而成的，这意味着黑洞可以多次发生合并。在某种意义上，这个通过合并产生的有 142 个太阳质量的黑洞是非常值得关注的。因为宇宙中包含质量相当于大约

5~60个太阳的恒星级黑洞，以及位于星系中心的质量相当于数十亿个太阳的超大质量黑洞。如果超大质量黑洞是随着时间的推移通过不断的合并而形成的，那么我们应该能看到中等质量的黑洞，这样便能填补两者之间的空白。有142个太阳质量的黑洞就是这种中等质量黑洞（在100~10万个太阳质量之间）存在的第一个直接证据，它有助于为这一假说提供支持。

2017年8月17日，LIGO和Virgo探测到了一个非常重要的引力波源。它并非来自两个黑洞的合并，而是来自两个中子星的合并。中子星的形成是由于发生坍缩的恒星核心质量不够大，其引力不足以将自身全部压缩成一个黑洞。中子星被压缩到只有珠穆朗玛峰大小，但它的密度极大，一块方糖大小的中子星，其质量便相当于地球上所有人的总质量。

中子星的合并与黑洞的合并差异很大。两个黑洞的融合不会发出任何可以被望远镜观测到的光，因为黑洞堪称宇宙级吸尘器，它们早就将周围所有可能发光的物质吸收殆尽。但关键是，中子星不是单纯由空间和时间构成，而是由真正的可以发光的物质构成，而这些光便可以被全球的传统望远镜捕捉到。

2017年8月17日探测到的一次高能光线的强烈爆发具有极为重要的意义。在20世纪60年代，美国曾发射过用来探测γ射线的间谍卫星，希望以此来发现当时苏联可能进行的秘密氢弹试验。令美国惊讶的是，这些卫星几乎

每天都能探测到 γ 射线的爆发。还好，我们大家都很走运，卫星上的探测器具有定向能力，能确定这些脉冲是来自宇宙空间的（否则这可能会引发一场核战争）。20 世纪 80 年代这些资料解密后，天文学家们才得知这种"γ 射线暴"的存在，他们猜测这是由中子星合并产生的。现在我们知道他们当时的猜测是正确的。

γ 射线会携带产生它们的化学元素的指纹。2017 年 8 月 17 日的那次中子星合并事件，向我们揭示了在恒星相互碰撞所产生的炽热火球中，发生了剧烈的元素合成核反应，这一过程制造出了相当于地球质量约 10 倍的金。这提醒我们，发生在宇宙空间中的事情并不像你想象的那样深奥，而是与你的生活有着千丝万缕的联系。你想看一颗恒星的碎片吗？举起手，你血液中的铁、你骨骼中的钙、你每次呼吸时充满肺部的氧气……这一切都是在地球和太阳诞生之前，在无数恒星的创造和毁灭中形成的，是星尘铸成了你的躯体。从字面意思来说，你的确是由上天创造的。如果你有一枚黄金婚戒或一件黄金首饰，那么现在我们终于知道这种贵重金属的出处了：它来自合并的中子星。近在眼前的日常与远在天边的宇宙之间竟然存在如此微妙的联系，还有比这更令人震惊的吗？

LIGO 和 Virgo 的实验人员并没有对探测到中子星和黑洞的合并感到惊讶，他们对这些探测结果早有预料，但最令人兴奋的莫过于这些发现为人们打开了用引力波观测宇宙的"一扇窗"。假设你天生失聪，然后某一天在一夜之间你突然能听到声音了,现在物理学家们和天文学家们的感触就是这样的。过去,他们一直可以用肉眼和望远镜"看到"宇宙,现在,他们第一次可以"听到"它,而引力波就是"空间的声音"。尽管很多科学发现可能会被夸大,但2015年9月14日引力波的发现,毋庸置疑是自1609年伽利略用望远镜观测宇宙以来,人类在天文学领域取得的最重要的进展。

地球上的引力波探测器会受到地面背景振动的影响,这些振动会混淆真正的引力波源,使探测器无法探测到那些最低频率的引力波。这种低频引力波是由位于星系核心的超大质量黑洞合并,以及由百万个太阳质量级的黑洞吞噬几十个太阳质量级的黑洞所产生的。而计划于2037年发射升空的激光干涉空间天线(LISA)应该可以探测到这种低频引力波。LISA是由三颗卫星构成的一个巨大的等边三角形,卫星之间的距离在100万~500万千米之间,激光通过卫星上搭载的反射镜在卫星之间来回反射。我们可以将三角形的边想象成巨大的标尺,当有引力波经过时,一个方向上的空间将会被拉伸,同时在另一个垂直方向上的空间将会被压缩,因此测量标尺长度的细微变化就是这一计划的关键所在。LISA的科学家们雄心勃勃,他们希望能够在数百万千米的尺度上探测到如一个原子的宽度般细微的长度变化。

引力波探测器的出现,让我们得以见证天文学新时代黎明的到来,宛如一直习惯了寂静无声的我们,一下子获得了丰富多彩的听觉。但目前,这种感觉还是粗糙和稚嫩的,在进入有声世界的边缘,我们仿佛依稀听到了在远处轰鸣的雷声,但尚未能听到鸟儿鸣叫、婴儿啼哭,或是琴瑟和鸣般的动听音色。随着全球引力波实验的灵敏度不断提高,我们终将聆听到宇宙的动人乐章,到那时,谁知道又会有怎样的奥秘等待我们去发现呢?

# 第 18 章

第一性原理
**希格斯场**
21堂科学通识课

物质的基本构件没有固有质量，而是通过与希格斯场的相互作用获得了质量。

# 第 18 章 希格斯场

这个夏天我发现了一些完全没用的东西。

——彼得·希格斯

它是一种充满整个空间的无形液体,从出生到死亡的整个生命过程里,我们都一直浸没在这种液体之中。然而,直到 1964 年,才有人开始注意到它的存在,而直到 2012 年,它的存在才得到了确切的证明。最终证明希格斯场存在的证据是场中的一个扰动,就像大海里的一朵浪花,而这个扰动就是希格斯玻色子。

关于希格斯玻色子说来话长。它的故事始于 20 世纪上半叶,当时有实验表明,物质的基本构件既可以表现出粒子的性质,也可以表现出波的性质。随后,在 20 世纪 20 年代末,这两种性质被量子场论统一起来。量子场论认为,整个空间中都弥漫着具有能量的流体,这种流体就是场,而基本粒子只是场中荡漾的涟漪(参见第 7 章)。

20 世纪 50 年代,美国物理学家朱利安·施温格(Julian Schwinger)将量子场论应用于电子,他提出的量子电动力学理论揭示了关于大自然基本作用力存在的根本原因。事实证明，人们经过 200 多年的实验才搞清楚的这些神秘的电磁现象，只不过是电子波对称性的一个微不足道的结果罢了。

所谓对称性，是指在某些东西发生变化的情况下，有一些东西依然保持不变。假设你在一张台球桌上打台球。无论让台球桌悬空到离地 1 米的高度，还是离地 3 米的高度，台球桌上所发生的现象都不会有任何不同。台球在球桌上无论是沿直线滚动，还是撞击并弹开其他球，其行为都是受牛顿运动定律支配的，我们可以说牛顿运动定律在球桌高度发生变化时具有对称性。

在量子场论中，电子可以用一个波函数表示，这个波函数包含了关于电子的一切可知信息。波函数有一个称为"相位"的参数，它表示波峰在任意时刻所处的位置，这与上面例子中球桌的高度几乎是等价的。至关重要的是，如果这个规范在空间各处发生均等的变化，则这些变化对电子的行为没有任何影响。

1918 年，德国数学家艾米·诺特（Emmy Noether）证明了一个强大的定理，这个定理表明如果存在像这样的"全局"对称性，那么就必然存在一条守恒定律，即规定某个物理量必须保持不变（守恒）的定律。在电子的量子场论中，这一守恒定律体现为电子的电荷守恒，即电荷既不能被创造也不能被消灭。

台球桌的类比中蕴含着一个隐藏的假设条件，即球桌的所有部分都可以同时升起。这对于一个正常的台球桌来说当然是正常的，但假设有一张10光年宽的宇宙级台球桌（别担心，这只是一个思想实验！），那么我们就不可能同时改变这个球桌的所有部分，因为根据爱因斯坦的理论，没有任何物体能超过光速，这意味着球桌远端对高度调整做出反应的时间要比球桌近端更晚。事实上，球桌远端需要等待10年才能"注意到"球桌近端所发生的改变。因此，一般来说，当改变球桌的高度时，高度的提升需要在其表面传播，导致对于不同位置和时间，球桌的高度是不同的。这是在爱因斯坦宇宙中可能发生的最好情况。

尽管如此，我们仍然希望物理学定律在任何地方都是一致的，这样台球就会继续遵循牛顿运动定律沿直线滚动。但是，由于球桌的表面已不再平坦，在这种情况下要想让物理学定律保持不变，只有一种可能，即在任意位置和时间，台球都受到一个补偿的力，这个力能精确地抵消地形的起伏变化。

当规范在不同位置和时间持续发生变化时，物理学定律依然维持不变的性质称为"局域规范不变性"。在台球桌的例子中，只有在存在补偿力的情况下，才能维持局域规范不变性。而在电子的例子中，电子波函数的相位在不同的位置和时间都在持续发生变化，而维持局域规范不变性的这种补偿力不是别的，正是电磁力。

电磁场只是局域规范不变性所产生的必然结果，当电荷在时空中某一位置运动时，电磁场负责将这一消息传播到其他位置，从而维持局域规范不变性，而负责在电磁场中传播这个消息的就是"规范玻色子"：光子。值得注意的是，即使物理学家对电、磁和光子一无所知，只要知道电子以及局域规范原理，也可以推断出上述所有这一切必然是存在的，因为只有这样才能维持电子的局域规范不变性。

施温格的发现引起了巨大的关注，以至于物理学家们不由得怀疑他是否偶然间触碰到了一个普遍性原则。大自然维持局域规范不变性的需要，是否不仅能解释电磁力的存在，而且还能解释弱力、强力等其他基本作用力呢？曾几何时，物理学家们一直对此抱有极大的希望，但一个问题的存在让这个希望破灭了。在某些情况下，量子电动力学方程的解会发生爆炸，从而得出毫无意义的结果。尽管物理学家们找到了一种方法来解决这个无限性问题，但这种方法只有在力的载体没有质量的情况下才能成立。而对于弱力来说，人们已经知道它并不满足这种条件。

在量子理论中，载力粒子是从真空中突然出现的。海森堡不确定性原理允许质能突然出现，只要这些质能够及时消失即可，这有点像一个小伙子借了他父亲的车在夜里出去玩，只要第二天早上在他父亲发现之前把车还回车库即可。借来的质能越多，就必须越快地把这些质能还回去，因此它在消失前所能走过的距离就越短。承载电磁力的光子没有静止质量，因此其传播距离是无限的，这也是电磁力具有无限作用范围的原因。然而，弱力的作用范围比原子核的大小还要小很多，因此弱力的载体一定具有很大的质量，至少在亚微观尺度上是很大的。事实上，人们发现必须存在三种这样的规范玻色子（相当于电磁场中的光子），它们被称为 $W^+$、$W^-$ 和 $Z^0$。①

弱力的载体具有质量，这似乎杜绝了用量子场论解释弱力的一切可能性。因此，到 20 世纪 60 年代初，大多数物理学家不得不放弃了整个理论，但爱丁堡大学的彼得·希格斯没有放弃。希格斯坚持认为一定有办法绕过这个障碍，他推测也许弱力的载体不具有固有质量——这样便可以用量子场论来描述它们，但它们可以通过某种外部过程被赋予质量。

这个外部过程必然涉及一个迄今未被发现的、充满整个空间的场。在宇宙大爆炸时，这个场需要处于关闭状态，此时弱力的载体没有质量，然后这个场以某种方式开启并为它们赋予质量。这个场可以从对称状态切换到非对称状态，这一过程称为"对称性自发破缺"。这个名字听起来有点拗口，但其思想本身却非常简单。

用笔尖直立着的铅笔处于一种不稳定的平衡状态，此时它是完全对称的，但当它倒下时一定会倒向某个特定的方向，此时它自发地打破了对称性。引力的作用方向是竖直向下的，而并不会偏向某个特定的方向，这个例子说

---

① 由于弱力诱导的 β 衰变向中子加入了正电荷使之变为质子，因此弱力必然存在一个带正电的载体，它就是 $W^+$。由于 β 衰变的过程也可以逆转，即向质子加入负电荷使之变为中子，因此还需要存在 $W^-$ 来与之匹配。出于专业性的原因，还必然存在一个不带电的弱力载体，它就是 $Z^0$。

明当基本定律具有对称性时,结果却不具有对称性。这就是希格斯所设想的东西,它后来被称为"希格斯场"(见图 18-1)。

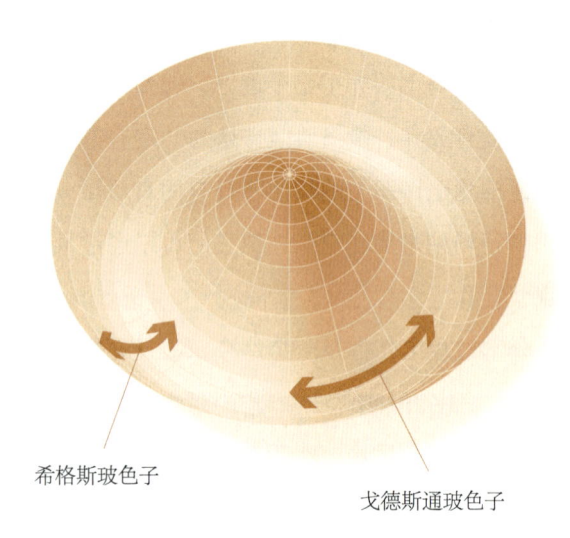

**图 18-1 希格斯场**

说明:希格斯"势"可以用一种墨西哥帽的形状来表示,它描述了希格斯场的能量。沿帽檐方向的振荡对应着零质量的戈德斯通玻色子,而垂直于帽檐方向的上下振荡对应着有质量的希格斯玻色子。

即便如此,依然存在一个大问题。英国物理学家杰弗里·戈德斯通(Jeffery Goldstone)发现,当量子场以这种方式自发地打破对称性时,就会产生零质量的粒子。质量为零的粒子,例如光子,应该是很容易产生的,因此我们应该能够在粒子实验中观测到它们的存在才对。然而,并没有人实际观测到这种"戈德斯通玻色子"。

此时，对于时年35岁的希格斯来说，可谓万事俱备，只欠东风。用他的话来说："这是我这辈子唯一真正原创的想法。"1964年7月，希格斯发现，如果有一个新的场充满整个空间，并且发生对称性破缺，那么确实可以产生多余的戈德斯通玻色子。然而，关键是，如果这个场在有规范玻色子存在的情况下发生对称性破缺，奇迹就发生了。从结果上看，规范玻色子会"吃掉"戈德斯通玻色子，但这个吞噬的过程不仅导致了戈德斯通玻色子的消失，与此同时也让 $W^+$、$W^-$ 和 $Z^0$ 获得了质量。

希格斯不仅一举拯救了量子场论，而且还阐明了物质被赋予质量的机制。美国物理学家史蒂文·温伯格（Steven Weinberg）和巴基斯坦物理学家阿卜杜勒·萨拉姆（Abdus Salam）于20世纪60年代提出了一个理论，该理论认为电磁力和弱力只是某种单一的"电弱力"的两种不同形式，只有在基本物质粒子不具有固有质量的情况下，这种统一理论才有可能成立。希格斯则为此提供了一个外部机制，使这些物质粒子能够通过与他崭新且无所不在的场发生相互作用的方式来获得质量。

实际上，还有另外五位物理学家也在同一时间提出了与希格斯相同的想法。但希格斯与这个"六人帮"中其他成员的决定性区别在于，只有他意识到他提出的新场的对称性自发破缺总共产生了四种戈德斯通玻色子，而在为 $W^+$、$W^-$ 和 $Z^0$ 玻色子赋予质量的过程中，有三种戈德斯通玻色子会被吃掉，最后还剩下一种。不寻常的是，它是一种有质量的戈德斯通玻色子，这种粒子后来被称为"希格斯玻色子"。

此后的几十年间，随着大自然的所有构件以及基本作用力的载体——规范玻色子接连被发现，粒子物理学标准模型只缺少最后一块拼图，它就是希格斯玻色子。它成了物理学的圣杯，因为发现希格斯玻色子不仅可以证明神秘的希格斯场的存在，还可以证明物质被赋予质量的机制。

于是，科学家们耗资50亿欧元，在法国和瑞士边境的放牧草场下面建造了人类史上最大的科学仪器——大型强子对撞机（LHC），它隶属于位于瑞士日内瓦附近的欧洲核子研究中心（CERN）。大型强子对撞机的地下探测器有一座大教堂那么大，它能让质子以超乎寻常的速度在其中相互撞击，而物理学家们则在撞击所产生的亚原子碎片中寻找转瞬即逝的希格斯玻色子的蛛丝马迹。希格斯玻色子在产生后，其存在时间还不到100亿亿分之一秒。

2012年7月4日，当宣布希格斯玻色子被发现的消息时，彼得·希格斯正与"六人帮"中的另一位成员，比利时物理学家弗朗索瓦·恩格勒（François Englert）一起坐在欧洲核子研究中心的礼堂里。消息一宣布，周围便爆发出热烈的掌声，人们纷纷簇拥到他的身边向他表示祝贺并与他握手。此时此刻，泪水在希格斯的眼眶中打转，经过48年之后，他的预言终于得到了证实。讽刺的是，希格斯早在几十年前就已经离开了基础物理学领域，因为他觉得基础物理学实在太复杂了。

希格斯场是科学界中的一个全新概念。引力场的发生源是质量，电磁场的发生源是电荷，而希格斯场存在于空无一物的空间中，它没有任何发生源。我们一生都浸没在希格斯场中，但就像鱼生活在水中而不自知一样，我们也不会意识到自己时刻身处于这样一种普遍存在的介质中。

如果没有希格斯场，基本粒子就不会具有质量，构成你、恒星和星系的原子就不会存在（实际上，希格斯场只贡献了你 0.5% 的质量，其余的质量都是来自你体内以接近光速运动的夸克在爱因斯坦狭义相对论的支配下所产生的质量增长——但这 0.5% 非常关键）（参见第 10 章）。如果没有希格斯场，承载弱力的 $W^+$、$W^-$ 和 $Z^0$ 玻色子就不会具有质量，弱力本身也不会难以置信地微弱。正是因为弱力如此微弱，才让太阳发光发热的核反应的第一步进展得如此缓慢，同时也解释了为什么太阳需要 100 亿年才能耗尽所有的氢燃料，以及为什么像我们这样的复杂生命有充足的时间演化出来。

同很多科学发现一样，希格斯玻色子的发现及其对标准模型的完善也引发了一系列新的问题。希格斯场的起源是什么？它是由什么构成的？占整个宇宙 95% 质能的暗物质和暗能量在哪里？最后，让我们用彼得·希格斯自己的话来作为本章的结尾："让我成名的那件事在我生命中只占很小的一部分——也就是 1964 年夏天的三周时间而已。虽然我做的工作不多，但它引发的后果却令我感到十分震惊。"

# 第 19 章

## 反物质

*第一性原理 21堂科学通识课*

光子不带电荷，因此当它转变为电子时，必须有另一个粒子去抵消电子所带的电荷，它就是电子的反粒子。

# 第 19 章 反物质

> 我认为反物质的发现可能是 20 世纪众多物理学飞跃中最重大的一个。
>
> ——沃纳·海森堡（Werner Heisenberg）

大自然决定将其基本构件的数量增加一倍。每种亚原子粒子都存在其对应的"反粒子"，反粒子具有与正常粒子完全相反的属性，例如电荷。在 1927 年之前，没有人设想过会存在这样一个"反物质"的世界。但在 1927 年，英国物理学家保罗·狄拉克（Paul Dirac）写下了一个方程，它描述了电子在接近光速时的行为，狄拉克从这个方程中注意到了一些不寻常的东西。

狄拉克是量子理论的先驱之一。量子理论对原子及其组成部分在亚微观领域提供了一种革命性的描述方法（参见第 7 章），同时它调和了在 20 世纪初的实验中所揭示的两个看似相互矛盾的特征：原子及其同类既可以表现为局域性的粒子，又可以表现为扩散性的波。1926 年，奥地利物理学家埃尔温·薛定谔（Erwin Schrödinger）用薛定谔方程统一了"波粒二象性"，该方程描述了在空间中传播的概率量子波的行为。[1]

薛定谔方程存在一个问题，它无法兼容20世纪的另一项革命性的物理学成果。爱因斯坦于1905年发表的狭义相对论指出，当一个有质量的物体以接近光速运动时，空间和时间就会出现一些奇怪的变化。薛定谔方程能很好地描述轻原子中电子的行为，因为在轻原子中，原子核中的质子数量较少，它们的电磁力只能让核外电子以远低于光速的速度运动；但在重原子中，原子核中的质子数量较多，电子就会以接近宇宙极限的速度运动，此时薛定谔方程就失效了。我们需要的是一个能与狭义相对论兼容的新方程，而这正是狄拉克着手寻找的东西。

狄拉克是一个怪人，放在今天他可能会被诊断为患有自闭症。他长得又高又瘦，有点像竹节虫。他经常努力工作一个礼拜，然后在周日去剑桥周边的乡间远足，穿着西装打着领带爬上高大的树木。在不善言辞这一点上，狄拉克简直就是物理学界的斯波克先生[2]。在他的一次讲座中，有学生举手提问："狄拉克教授，我不太理解黑板上的方程。"狄拉克回答："那是注释，不是问题。"然后继续他的

---

[1] 1925年，德国物理学家沃纳·海森堡、马克斯·玻恩（Max Born）和帕斯库尔·约尔当（Pascual Jordan）也提出了一种对量子世界的等价理论描述，称为"矩阵力学"。

[2] 斯波克（也译作史波克）是著名科幻影视作品《星际迷航》（*Star Trek*）中的主要角色之一，他的性格特点包括沉着冷静，严谨理性，不擅长社交等。——译者注

讲座。

狄拉克研究物理学的方法和他的性格一样古怪。其他物理学家通常是先为他们想要描述的现象找到能与之对应的日常概念，然后尝试用数学方程来概括它，而狄拉克则敢于直接坐下来，仅用纸笔去猜测方程的形式。狄拉克说："这是我的一个怪癖吧，我喜欢摆弄方程，只是为了寻找优美的数学关系，也许它们根本没有任何物理意义，而有时候它们则真的具有物理意义。"[1]

1927年11月底，狄拉克在圣约翰学院的简陋房间里寻找他所说的"优美的数学关系"时，像变戏法一样凭空写出了一个方程，它后来被命名为"狄拉克方程"，是如今刻在伦敦威斯敏斯特大教堂地板上的两个方程之一，另一个则是霍金关于黑洞温度的方程（参见第14章）。美国物理学家弗兰克·维尔切克（Frank Wilczek）说："在物理学的所有方程中，狄拉克方程也许是最'具有魔力'的了。它是在最不受约束的情况下发现的，即受到实验的制约最少，且具有最奇特、最令人吃惊的种种结果。"[2]

狄拉克发现不可能用一个单纯的数字来描述电子的相对论特性，比如它的能量，因此他需要使用一个被称为矩阵的$2 \times 2$数表。这种"二维性"解释了电子的一个令人困

---

[1] 出自1963年5月7日托马斯·库恩（Thomas Kuhn）在狄拉克位于英国剑桥的家中对他进行的采访。

[2] 格雷厄姆·法米罗. 天地有大美：现代科学之伟大方程[M]. 涂泓, 吴俊, 译. 上海：上海科技教育出版社, 2020: 147.

惑的特征。实验显示，电子的行为好像是在进行顺时针或逆时针的自转，但如果电子真的在自转，那么只有当其转速超过光速时，其行为才有意义，而根据爱因斯坦的理论，超光速是不可能的。物理学家们不得不声称电子的"自旋"是一种全新的性质，它是一种内在的量子属性，在日常世界中找不到能够类比的概念。在狄拉克看来，电子的这种属性就这样从他写下的方程中凭空跳了出来。狄拉克说："（我的方程）正好给出了我们对电子所需的那些性质。这对我来说真是一个意外的收获，完全出乎意料。"据美国物理学家约翰·范弗莱克（John Hasbrouck Van Vleck）所说，狄拉克对电子自旋的解释就像"魔术师从帽子里变出兔子"一样神奇。

自旋的确很奇怪，但狄拉克方程中体现出的另一个特性却更加奇怪。狄拉克写下他的方程时就注意到，方程的数学结构出现了离奇的重复，它似乎不仅描述了带负电的电子，还描述了一种与电子质量相同但却带正电的粒子。当时，人们只知道三种亚原子粒子：原子核中的质子，围绕原子核运行的电子以及形成光的粒子——光子，似乎没有必要再出现一个新的粒子，甚至当时一些很伟大的物理学家，如沃纳·海森堡和沃尔夫冈·泡利也认为狄拉克方程一定是错的。然而，后来在距离剑桥千里之外的地方所进行的一个实验证明，狄拉克是正确的，而海森堡他们是错的。

1932年，位于帕萨迪纳的加州理工学院的美国物理学家卡尔·安德森（Carl Anderson）正在研究宇宙射线，即来自太空的超高能粒子。[1]安德森预测这些高能粒子会撞击大气中的原子，并将其中的电子撞击出来。他认为，如果能测出这些被撞击出来的电子的能量，就能以此为线索推算出宇宙射线的能量。为此，他使用了一个极强的磁场来弯曲电子，并得出了这样的结论：如果电子的能量高，运动速度快，那么它们通过磁场的时间就会较短，弯曲幅度也会较小；相对地，如果电子的能量低，运动速度慢，那么它们通过磁场的时间就会较长，弯曲幅度也会较大。

安德森使用"云室"这一装置让电子显形。在这个装置内，电子轨道所经过的地方会留下微小的水滴痕迹，他就可以对这些痕迹进行拍摄。1932年8月2日，安德森冲洗了一块照相底片，他惊奇地发现一个与电子质量相当的粒子在磁场的作用下发生了弯曲，但其弯曲的方向与电子正好相反。尽管他对狄拉克的预言完全不知情，但他还是偶然间触碰到了狄拉克所预言的带正电的电子，他立即将

---

[1] 现在我们知道宇宙射线其实是来自宇宙空间的高能原子核（主要是氢原子核）。能量较低的粒子来自太阳，而能量较高的粒子则来自宇宙深空，其中一些粒子所具有的能量相当于我们通过 CERN 的大型强子对撞机等粒子加速器所能获得的最大能量的数千万倍。2018 年，人们发现了一个银河系外的宇宙射线源，它是一个由超大质量黑洞驱动的"耀变体"星系，编号为 TXS 0506+056（'Neutrino emission from the direction of the blazar TXS 0506+056 prior to the IceCube-170922A alert' by the IceCube Collaboration (https://arxiv.org/pdf/1807.08794.pdf), 23 July 2018）。

这种粒子命名为"正电子"。

此后的几十年中，人们陆续发现了许多其他的反粒子，包括反质子和反中子。反粒子存在的原因有很多。首先，正如爱因斯坦所发现的，质量只是能量的一种形式（参见第 10 章）。这意味着不仅质能可以转化为其他形式的能量，其他形式的能量也可以转化为质能。

以光子为例，根据爱因斯坦的理论，它可以被转化为质能。然而，还存在一条基本定律，它规定电荷既不能被创造也不能被消灭。如果一个不带电的光子只产生了一个带负电的电子，就会违反电荷守恒定律，如果在这个过程中同时还产生了另一个粒子来抵消电子的电荷，就可以解决这个问题了，这个粒子就是一个带正电的"正电子"。

我们再来看一看逆向的过程，即质能被转化为其他形式的能量的过程。如果电子的质能被转化为光子，这也会违反电荷守恒定律。如果是一个电子和一个正电子相撞后发生湮灭，并在这个过程中产生了一个光子，问题也可以得到解决（实际上，为了满足大自然的另一条规则，即动量守恒定律，在这个过程中需要产生两个以相反方向运动的光子）。

美国小说家约翰·厄普代克（John Updike）很好地抓住了这个想法的要点，他说："想一想二进制吧。当物质与反物质相遇时，两种东西同时化为乌有，转换成纯粹的能量。然而两种东西又都存在过，我的意思是说，都经历过一种我们称作'存在'的状况。想想 1 与 −1 这两个数字。把它们加在一起等于零，对不对？想想看，把它们放在一起，然后再把它们分开会是个什么状况。……现在你就有某种东西了，而且是两个某种东西，而刚才你是一无所有。"[1]

事实证明，原子核一直在以正电子的形式持续辐射出反物质粒子。这些正电子是由一种放射性衰变产生的，这种放射性衰变会将原子核中的质子变成中子，就像 β 衰变会将原子核中的中子变成质子一样（参见第 15 章）。在正常物质中，这些正电子基本上都会立刻撞上原子中的电子，并湮灭变成光子。正是因为正电子不会停留太久，所以直到 1932 年才有人注意到它们。

人们已经证明，能辐射出正电子的放射性核素在医学上有着重要的用途。在正电子发射断层扫描（PET）中，医生会向病人体内注射一种半衰期很短的放射性物质，这种物质会辐射出正电子并在体内扩散。这些正电子会迅速与电子相遇并发生湮灭，产生以相反方向运动的高能光子，即 γ 射线。通过检测这些光子，就可以构建出全身或身体某个部分的三维图像。

实际上，物理学家们已经制造出了少量的反物质。例如，在欧洲核子研究中心（CERN），物理学家们成功制造出了反氢原子，在反氢原子中，一个正电子围绕着一个反

---

[1] 约翰·厄普代克. 罗杰教授的版本 [M]. 刘洎，李海鹏，译. 河南：河南人民出版社，2000：307.

质子旋转，而不是像正常氢原子那样，是一个电子围绕着一个质子旋转（见图19-1）。物理学家们想知道，在引力的作用下，反物质是会像正常物质一样下落，还是会向上飞起来。理查德·费曼写道："所有的实验证据以及少量的理论证据似乎都表明，参与引力作用的是物质中所含有的能量。由于物质和反物质所代表的能量都是正的，因此引力的作用对于它们来说没有区别。"然而，如果我们真能观察到反物质向上飞起来的现象，那将是非常令人兴奋的，这将开创一种未曾设想过的崭新的物理学领域。

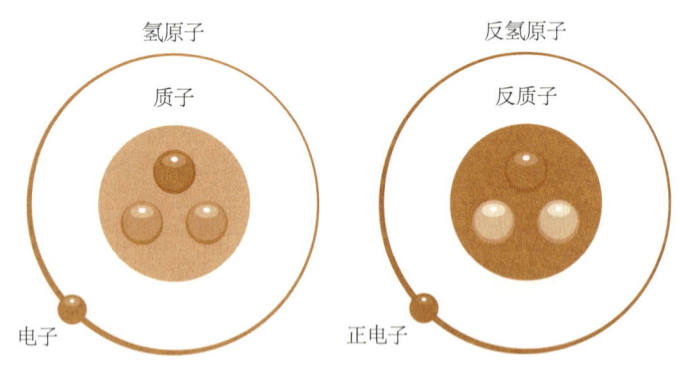

图 19-1 反物质原子

说明：在反氢原子中，一个正电子围绕一个反质子旋转，而在正常氢原子中，是一个电子围绕一个质子旋转。

物质和反物质的湮灭可以将100%的质能转化为热能等其他形式的能量。相比之下，让太阳发光的核聚变反应，其能量转换效率还不到1%。因此，物质-反物质湮灭在效率上足以碾压任何核反应，使得反物质成为一种完美的火箭燃料。《星际迷航》中企业号星舰的设定就是使用反物质燃料，这正是基于这种完美的能量转换效率。不幸的是，它的缺点也很明显，因为我们要先制造出反物质，这个过程所消耗的能量要大于湮灭所释放的能量。

正电子在产生之后很快就会遇到正常物质中的电子而发生湮灭，之所以会造成这一现象，显然是因为我们的宇宙几乎完全是由正常物质构成的。但为什么会是这样呢？这成了科学界中最大的未解之谜之一。问题在于，我们曾经研究过的几乎所有的亚原子过程，都会等量地产生物质和反物质。因此，可以设想在宇宙大爆炸中应该也产生了等量的物质和反物质。然而，如果事实果真如此，那么这些物质和反物质就会全部发生湮灭，宇宙中就只剩下光子了！

为什么我们会生活在一个以正常物质占主导地位的宇宙中呢？有一个观测结果为我们提供了一条线索：在现在的宇宙中，每一个物质粒子大约对应着100亿个光子。这意味着物理学基本定律存在轻微的偏差，因此在宇宙大爆炸中，每产生100亿个反物质粒子，就会同时产生100亿零一个物质粒子。于是，在一场湮灭的狂欢之后，100亿个物质粒子和反物质粒子全部消失了，只剩下一个物质粒子和100亿个光子，就像我们现在观测到的情况一样。

物理学家们正在寻找这种相对于反物质来说更偏向于正常物质的亚原子过程。然而，到目前为止，人们还没有找到足以解释上述现象的这种不对称性。反物质依然是一个谜！

# 第 20 章

第一性原理

中微子

21堂科学通识课

尽管这种成群结队的幽灵几乎不会干涉物理世界,但它们却是宇宙中数量第二多的粒子。

## 第 20 章 中微子

整整 8 光年厚的铅……你需要用这么厚的金属把自己包起来才能避免被中微子撞到。我猜那些小混蛋无处不在。

——迈克尔·夏邦（Michael Chabon）

竖起大拇指，每秒钟会有 1000 亿个中微子穿过你的指甲，而 8.5 分钟之前，它们还在太阳的中心。中微子是由太阳发光的核反应产生的，尽管数量惊人，但它们强大的"社恐"属性意味着它们几乎不会被物质阻挡。因此，绝大多数中微子会若无其事地穿过你的身体，在它们面前，你就和真空一样无形和透明。

中微子的存在是由奥地利物理学家沃尔夫冈·泡利于 1930 年提出的，当时他正在经历一场空前的人生危机。两年前，泡利的母亲因遭到丈夫的遗弃而自杀，而与他结婚不到一年的妻子，柏林歌舞团的一位舞女，也和她的化学家男友私奔了。泡利甚至向维也纳的心理治疗师卡尔·荣格（Carl Jung）寻求过帮助，对他来说，醉心于物理学能够帮助他暂时忘却生活的痛苦。当时，有一个问题让泡利和其他很多伟大的物理学家感到十分忧虑,这个问题涉及一种特殊的放射性衰变,而他提出的关于中微子的理论只是一种"绝望的补救措施"。

放射性衰变是由法国物理学家亨利·贝克勒尔（Henri Becquerel）于1896年发现的,它指的是处于不稳定状态的原子核转变为更稳定的状态,同时释放出能量的过程。两年内,新西兰物理学家欧内斯特·卢瑟福以及其他一些物理学家已经认识到放射性衰变分为3种不同的类型,它们会产生3种不同的辐射：α粒子（氦原子核）、β粒子（电子）和γ射线（高能光束）。由特定原子核辐射出的α粒子和γ射线其能量总是固定不变的,但β粒子的能量却可以在一个范围内发生变化——主要的困惑也就在这里。

假设有一把手枪,在填充等量火药的情况下,每颗子弹离开枪管时的能量和速度都应当是完全相同的。特定原子核辐射出的β粒子就相当于用等量的火药发射出去的子弹,它们的能量怎么会不同呢？这个问题甚至迫使物理学巨匠之一的尼尔斯·玻尔做出了妥协,他说,在原子的世界里,各种物理过程并不遵守能量守恒定律。能量守恒定律是物理学的重要基石之一,它规定能量既不能被创造,也不能被消灭,只能从一种形式转化为另一种形式,而玻尔的说法则反映出了物理学家的绝望。

然而,对泡利来说,以抛弃能量守恒定律为代价来解决β衰变的问题是他难以接受的。但他能想到唯一的解决方法听起来似乎也不是很靠谱。泡利认为原子核只辐射出一个β粒子是物理学家的误解，真相是还有另一个粒子与它一起被辐射出来，它们的总能量是一定的。如果另一个粒子占据了大部分的能量，则留给β粒子的能量就会较少；如果另一个粒子只占据了一小部分能量，则留给β粒子的能量就会较多。

泡利预测这种新粒子是呈电中性的，因此被称为"中微子"。[1] 它没有质量，因为它不会显著影响原子核的质量，而且它一定极少与正常物质发生相互作用，因为没有人在任何实验中见到过它。泡利也很清楚他提出的理论太牵强了，他说："我做了一件很糟糕的事情，我提出了一种无法被探测到的粒子。"事实上，泡利曾用一箱香槟打赌没有人能够探测到中微子。

时间来到 1951 年。在过去十年的大部分时间里，美国物理学家弗雷德里克·莱因斯（Frederick Reines）在与世隔绝的太平洋环礁上引爆了一颗又一颗质量越来越大的原子弹。由于厌倦了这种生活，在本人的要求下，他被调往新墨西哥州洛斯阿拉莫斯的炸弹实验室，这里的工作比较轻松。参与原子弹试验的经历教会了他如何思考一些重大问题，当坐在办公室里思考生活的意义时，他想到了中微子。既然核爆炸的火球能产生不计其数的中微子，那么这

---

[1] 实际上，泡利最初将他提出的新粒子命名为"中子"，后来才改成了"中微子"，因为在 1932 年，英国物理学家詹姆斯·查德威克发现了与质子并存的另一种粒子，它的质量与质子相当，但不带电荷，这种粒子被命名为"中子"。

些中微子能不能被探测到呢？

有一次，莱因斯乘飞机去新泽西州的普林斯顿参加一场物理学会议，但飞机由于引擎故障被迫在密苏里州的堪萨斯城降落。与莱茵斯一起从洛斯阿拉莫斯出发的还有另一位物理学家，和莱茵斯一样，他也是美国原子弹团队的成员，只是之前莱因斯并没有什么机会与他好好交谈，而等待飞机维修的这段时间是一个绝佳的机会，于是莱因斯很快就和克莱德·科温（Clyde Cowan）打成了一片。在交谈中，他们提到了基础物理学，并提出了这样一个问题：世界上最难的实验是什么？二人一拍即合：是探测中微子。包括提出这种粒子的人在内，所有人都认为这是不可能做到的，但这让它产生了无限的吸引力。想象一下，如果能做到所有人都认为不可能做到的事，那将会掀起何等的轩然大波啊。事不宜迟，二人决定联手挑战这一艰巨的任务。

莱因斯和科温探测中微子的策略十分简单粗暴，至少在原理上是这样。尽管中微子被单个原子阻挡的概率极小，但如果把大量原子放在一起，就会提高中微子被阻挡的概率，于是他们准备使用一个质量为10吨的物体作为探测器。莱因斯和科温首先计划把这个探测器放置在距离原子弹爆炸地点50米的地方，他们甚至准备在内华达州的原子弹试验场挖一个45米深的竖井来放置探测器。但后来这两位物理学家意识到，尽管核反应堆产生中微子的强度只有原子弹爆炸的千分之一，但它其实是一个更好的选择，因为我们可以在数月内对它进行持续的监测，而监测原子弹的机会只有在它爆炸的那一瞬间而已。

莱因斯和科温在华盛顿州汉福德的一个核反应堆进行了第一次实验,但这次实验失败了。1955年11月,他们将"捣蛋鬼计划"转移到南卡罗来纳州萨凡纳河核电站的P反应堆。1956年6月14日,他们终于突破万难,成功探测到了中微子。他们马上给住在苏黎世的泡利发了一封电报,转天泡利就回电说:"感谢你们的消息,坚持就是胜利。"莱因斯于1995年被授予诺贝尔物理学奖,但遗憾的是,科温当时已经去世,与诺奖擦肩而过。

但是到这里,中微子的故事才刚刚开始。在萨凡纳河基地,还有另一个人在尝试探测中微子,他就是雷·戴维斯(Ray Davis)。尽管他被莱因斯和科温的团队抢先了一步,但他并没有气馁,反而更加斗志昂扬。20世纪60年代中期,他在位于南达科他州里德的霍姆斯塔克金矿地下1.5千米处设置了一个装有40万升干洗剂(四氯化碳)的探测器。他的想法是,中微子会有一定概率将一个氯原子变成一个氩原子,于是他便可以对氩原子进行探测。戴维斯的探测目标可谓雄心勃勃,他要探测的是来自太阳核心的中微子。令人难以置信的是,他竟然真的成功了,并由此成了史上第一个"看到"恒星核心的人,同时也成了中微子天文学的奠基人。但是还有一个问题困扰着他:霍姆斯塔克探测器所探测到的来自太阳的中微子数量,只有理论预测值的三分之一。

戴维斯的实验以及他所发现的异常现象吸引了更多

的科学家着手建造中微子实验装置,并相继证实了"太阳中微子之谜"的存在。这个问题的解决方案非常出人意料:中微子不是只有一种类型,或者说"味道",而是有三种——电中微子、μ中微子和τ中微子(参见第15章)。大自然不仅将夸克和轻子复制了三份,同时也将中微子复制了三份。

幸运的是,位于加拿大安大略省的萨德伯里中微子天文台能够探测到所有三种不同类型的中微子。2006年,该天文台的观测表明中微子的数量实际上并没有短缺,只要将所有三种中微子的数量加在一起就对了。在从太阳到地球的途中,中微子会在其三种形式之间不断地来回振荡,这就是为什么戴维斯的实验只能探测到三分之一的中微子,因为来自太阳的中微子只有三分之一的时间会以电中微子的形式存在,而戴维斯的实验只能探测到电中微子。

泡利等人设想中微子的质量为零,而中微子振荡会影响中微子的质量。根据爱因斯坦的理论,只有像光子这样的零质量粒子才能达到光速,这是宇宙速度的极限。根据狭义相对论,这样的零质量粒子,其时间会减慢到静止状态,而由于改变只能在时间中发生,因此光子不会发生改变。相对地,中微子却可以发生改变,即在其三种"味道"之间来回振荡,这意味着它的速度不能达到光速,于是它必然具有质量。

这三种中微子的质量大约只有电子质量的一百万分之一,而电子是构成日常物质的所有粒子中最轻的一种。中微子的质量与大自然所有其他亚原子粒子差距如此悬殊，这表明中微子可能是以一种不同的方式获得质量的，而不是像其他粒子一样是通过与希格斯场的相互作用来获得质量的（参见第18章）。既然粒子物理学标准模型被认为是错误的，或者至少被认为是对一种更深入、更接近真理的理论的近似，那么中微子可能为我们提供了一条神秘的线索，让我们得以有机会接近传说中的"万能理论"。

如今，由戴维斯开创的中微子天文学已经成为一个成熟的研究领域。位于日本阿尔卑斯山[①]一座矿坑深处的超级神冈中微子探测器拍摄到了科学史上最惊艳的图像之一。这是一幅在夜间拍摄的太阳图像，它拍摄的并不是仰望天空时所看到的太阳，而是向下透过地心所看到的位于地球另一侧的太阳，而且它拍摄的对象不是光，而是中微子。超级神冈中微子探测器就像一个十层楼高的大罐子，里面装满了水，中微子与水分子中的质子发生相互作用并产生闪光，这些闪光会被固定在罐壁上的数千个传感器探测到（见图20-1）。光子需要花费大约三万年的时间才能飞出太阳核心，而中微子不受太阳致密物质的影响，因此只需要两秒钟就能走完这段旅程（参见第4章）。正是因为如此，这些中微子在经过8.5分钟穿过宇宙空间到达地球之后，能

---

[①] "日本阿尔卑斯山"是位于日本本州岛中部的飞驒山脉、木曾山脉以及赤石山脉的统称。19世纪末来此勘察的英国矿山技师威廉·高兰德（William Gowland）因其与欧洲阿尔卑斯山相似，便在其撰写的文章中使用了这一名称。——译者注

够向我们展示太阳内部现在的样子。

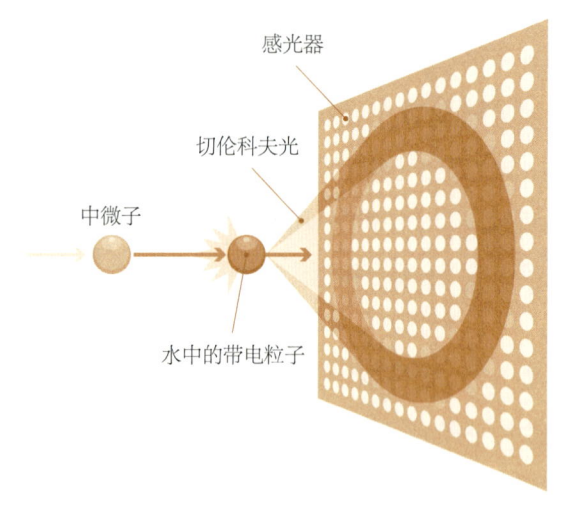

**图 20-1 探测不可探测之物**

说明：当中微子与水分子中的质子或中子发生相互作用时，会产生一种高速带电粒子，当它穿过水时，会产生圆锥形的切伦科夫光，并被光电倍增管探测到。

中微子在宇宙中扮演着关键角色。尽管它们的质量很小，却依然占了宇宙总质量的很大一部分，这是因为无论是在138.2亿年前的宇宙大爆炸中，还是在现在的恒星中，它们都以惊人的数量被创造出来。你能读到这些文字也是拜中微子所赐，因为是它们让巨大的恒星以超新星的形式炸成碎片。尽管超新星爆发产生的耀眼光芒相当于一个包含1000亿颗恒星的星系，但其中99%的能量并不是以光的形式释放出来的，而是以中微子的形式释放出来的。碳、钙、铁等生命所需的重元素正是在这些大质量恒星的内部被锻造出来的，如果不是中微子把这些恒星炸开，那么这些元素将永远被囚禁在恒星内部。我们的太阳和行星是由气体云的坍缩形成的，这些气体云中混入了以超新星形式爆发的古老恒星的碎片，其中便包含了形成生命所需的原材料。美国天文学家艾伦·桑德奇（Allan Sandage）说："我们都是兄弟姐妹，因为我们都诞生于同一次超新星爆发。"

中微子值得我们感恩的地方不止于此，它们还促成了地球深处元素的放射性 β 衰变。没有它，地球内部就不会在45.5亿年间保持熔融状态，板块构造运动也会陷于停滞，生命也就不可能诞生。

# 第 21 章

## 宇宙大爆炸

第一性原理 · 21堂科学通识课

宇宙诞生于一个炽热、致密的状态,随后开始不断膨胀、冷却。

## 第 21 章 宇宙大爆炸

元素在很短的时间内就被制造出来,比做一盘烤土豆、烧鸭肉用的时间还短。

——乔治·伽莫夫(George Gamow)

科学史上最伟大的发现,莫过于竟然有一天是没有昨天的。宇宙并不是永恒存在的,而是在某个时刻诞生出来的。大约 138.2 亿年前,所有的物质、能量、空间,甚至是时间,都在一个我们称之为"宇宙大爆炸"的火球中喷发出来。这个火球不断膨胀,两万亿个星系从它冷却后的碎片中凝结出来,而我们的银河系只是其中之一。

宇宙是从一片虚无之中突然出现的,这种想法听起来似乎是天方夜谭,大多数物理学家也是这样认为的,然而,尽管他们心里有一百个不情愿,也不得不接受这个想法,而迫使他们认真对待这个想法的就是证据。

现代宇宙学是由爱因斯坦开创的。1915 年 11 月,正值第一次世界大战爆发,爱因斯坦在柏林的普鲁士科学院举办了一系列讲座,并在此期间发表了他的引力理论。爱因斯坦的理论基本上是说,质量,或者更广义地说,能量可以弯曲时空。事实上,引力就是时空的弯曲。

1916年,爱因斯坦将他的理论应用于他所能想象的能产生引力的最大质量体:整个宇宙。然而,他却犯了一个错误,因为他认为宇宙是亘古不变的,这样就可以规避关于宇宙起源的麻烦。如果宇宙是永恒的存在,那么它就没有起源。为了让宇宙保持"静态",爱因斯坦在他的方程中引入了一个宇宙学常数,它代表一种凭空产生的排斥力,以抵消质量体之间由引力造成的相互吸引。当时,人们还没有普遍接受螺旋状星云(用大型望远镜看到的模糊的螺旋形的星团)实际上是位于我们银河系之外的独立星系这一观点,因此爱因斯坦出现这样的失误或许也是情有可原的。

然而,其他人却从爱因斯坦的方程中得到了启示。20世纪20年代,俄罗斯物理学家亚历山大·弗里德曼(Aleksandr Friedmann)和比利时物理学家乔治·勒梅特(Georges Lemaître)意识到,宇宙是躁动的,它必须时刻处于运动的状态,要么在膨胀要么在收缩。弗里德曼和勒梅特就是我们如今所熟知的"宇宙大爆炸模型"的发现者。

除了理论研究之外,美国天文学家埃德温·哈勃(Edwin Hubble)的一项发现也为宇宙大爆炸理论提供了支持。1929年,哈勃使用当时世界上最大的"眼睛"——加利福尼亚州威尔逊山上口径2.5米的胡克望远镜,发现宇宙正在膨胀,星系就像宇宙尺度的榴弹片一样飞散着,而这应该是在遥远的过去发生的一场大爆炸的余波。

然而，依然有人试图挽救爱因斯坦所提出的亘古不变的宇宙模型。1948 年，科学家弗雷德·霍伊尔（Fred Hoyle）、赫尔曼·邦迪（Hermann Bondi）和托马斯·戈尔德（Thomas Gold）提出了宇宙稳态理论。他们的理论是受到了《死亡之夜》(*Night of the Dead*)的启发，这是他们在剑桥的一家电影院里一起看过的一部恐怖电影，它的情节是循环的，故事的结尾又连接到了开头，就像一条衔着自己尾巴的蛇。

在稳态理论中，物质不是在大爆炸中一次性产生的，而是在星系相互远离的过程中，不断地在星系间的宇宙空间中慢慢形成的，这些物质继而凝结成新的星系。这一理论的重要性在于它是可证伪的：它预言宇宙是不变的，因此宇宙在所有位置和时间上都应该是相同的。然而，20 世纪 60 年代初，天文学家发现了类星体，它们是新生星系的超亮核心，但并不存在于今天的宇宙中（它们是在很遥远的地方被发现的，由于光速存在上限，因此我们看到的是它们很久之前的样子）。而在 1965 年，位于新泽西州霍尔姆德尔的贝尔实验室的两位天文学家阿诺·彭齐亚斯（Arno Penzias）和罗伯特·威尔逊（Robert Wilson）发现了宇宙大爆炸留下的射电余晖。

这种余晖被称为宇宙背景辐射，它是我们宇宙中最令人震惊的现象。直到 1965 年才有人注意到宇宙背景辐射，这是因为大部分辐射都被大气中的水蒸气吸收了。但令人感到惊奇的是，宇宙中 99.9% 的光子都被捆绑在宇宙背景辐射中，只有 0.1% 的光子形成了恒星和星系所发出的光。如果你有一双能看到宇宙背景辐射的眼睛，并且你位于大气层之外，那么你将会看到整个空旷的宇宙空间因创世的热量发出耀眼的白色光芒。

乌克兰裔美国物理学家乔治·伽莫夫（George Gamow）最早意识到，哈勃发现的宇宙膨胀意味着宇宙在过去不仅更小，而且还更热，因为当任何物体被挤压到很小的体积时都会变热，就像自行车打气筒中被压缩的空气一样。因此，宇宙大爆炸是一场"炽热的"大爆炸——就像核爆炸产生的火球一样。

当时，伽莫夫实际上是在寻找一个可以锻造出大自然中所有元素的熔炉，而炽热的大爆炸似乎完美符合这一条件。有证据表明，92 种天然元素，从最轻的氢到最重的铀，并不是在第一天就被造物主直接放到宇宙中的，而是用氢这种最简单的"乐高积木砖块"一步步构建出来的。正如英国宇宙学家爱德华·哈里森（Edward Harrison）所说："氢是一种很轻的，无色无味的气体，但只要给它足够的时间，它就能变成人。"问题是，作为原子的核心，原子核是带正电的，它们相互之间会产生强烈的排斥力。要克服这种排斥力并让它们相互结合，就需要以极高的速度让它们相互撞击，而极高的速度就等同于极高的温度，事实上，这需要高达几十亿摄氏度的温度，伽莫夫错误地认为恒星熔炉是不可能产生这样的高温的。

伽莫夫擅长提出想法，但不擅长梳理细节，因此他将元素合成的实际计算工作交给了他的助手拉尔夫·阿尔菲（Ralph Alpher）和罗伯特·赫尔曼（Robert Herman）来完成。他们经过计算发现，宇宙大爆炸的炽热火球很容易将氢变成氦以及其他一些元素，但不幸的是，火球很快就会变得又冷又稀薄，无法制造出宇宙中那些较重的元素。你血液中的铁、骨骼中的钙，你每次呼吸时充满肺部的氧气，这一切都是在地球和太阳诞生之前，在无数恒星的创造和毁灭中形成的，这一结论是由霍伊尔的团队发现的。大自然并不简单：它先在宇宙大爆炸中制造出较轻的元素，然后又在恒星中制造出较重的元素。

伽莫夫一心关注在宇宙大爆炸中创造的元素，却忽略了一些重要的东西，这些东西被阿尔菲和赫尔曼注意到了。大爆炸火球的光辉被封存在宇宙中，根据定义，宇宙就是一切，因此大爆炸的光辉至今仍在，只是在过去的138.2亿年里，宇宙的膨胀使这些光辉冷却，它们不再以可见光的形式存在，而是以不可见的无线电波的形式存在。阿尔菲和赫尔曼于1948年在科学期刊《自然》（*Nature*）上发表了这一预测，但并没有引起关注。1965年，当人们发现了宇宙背景辐射，却丝毫没有提及他们17年前的预测时，他们和伽莫夫都感到非常恼火。1978年，彭齐亚斯和威尔逊因意外发现创世余晖而被授予诺贝尔物理学奖，这让他们感到更加恼火了。

今天的宇宙背景辐射温度大约为零下270摄氏度。正如霍金所说："宇宙大爆炸残留的辐射和我们微波炉中的辐射相同，只是功率要小得多。它只能将你的比萨加热到零下270摄氏度——它连让比萨解冻都做不到，更别说把它烤熟了！"

另外，"宇宙大爆炸（big bang）"这个词是由霍伊尔于1949年在英国广播公司（BBC）的一档广播节目中首先提出来的（但讽刺的是，他从未相信过这个理论）。这个词十分形象，它很容易让人们在脑海中想象出一场大规模宇宙爆炸的景象，但这种想象几乎从任何角度来看都是错误的。爆炸——比如手榴弹的爆炸——是在空间中一个特定的点上发生的，弹片向外飞进本就存在的空间中。然而，宇宙大爆炸并没有发生在某一个特定的地方，也并不存在本就存在的空间，因为空间是由宇宙大爆炸本身创造出来的。宇宙大爆炸告诉我们，空间是突然出现的，从那一刻起，空间中的每一个点都开始远离彼此。正因如此，当我们仰望宇宙时，会看到除了最近的星系之外，所有其他的星系都在远离我们。如果我们身处任何其他星系，也会看到完全相同的景象。宇宙大爆炸并不是发生在某一个地方，而是同时发生在每一个地方。

宇宙开始于一个炽热的、致密的状态，随后便持续膨胀，星系从冷却的碎片中凝结出来，宇宙大爆炸的这一基本理论是无可争议的。但多年以来，人们发现基于这一理论所做出的预测与观测结果存在矛盾，便对这一理论做出了重大的修改，增加了一些新的补充要素，其中三个主要的补充要素就是暗物质、暗能量和暴胀。

暗物质和反物质不同，它不发出可观测的光，但却具有引力。我们需要暗物质来解释我们存在的原因，因为从宇宙大爆炸至今共经过了 138.2 亿年，这段时间并不足以让引力将物质聚集在一起，形成像我们的银河系这样的星系。因此必须存在一定数量的，相当于可见物质质量六到七倍的暗物质来加强引力，从而加速星系的形成。没有人知道暗物质到底是什么，它们可能是在宇宙大爆炸的炽热火球中形成的原始黑洞，或是一种迄今尚未被发现的亚原子粒子。

暗能量是宇宙大爆炸基本理论的第二个补充要素。我们之所以需要暗能量，是因为科学家们在 1998 年发现宇宙正在加速膨胀，但人们的预期是，由于引力的制动作用，宇宙膨胀应该在变慢，因为引力会使星系之间相互吸引。暗能量约占宇宙总质能的 70%，它不可见，遍布整个空间，并具有负引力，正是这种负引力加速了宇宙的膨胀。如果暗物质是一个谜，那么暗能量就是谜的平方。量子理论是我们对原子及其组成部分在亚微观领域的最佳描述，但当我们使用量子理论来预测真空的能量时，它的计算结果却是我们实际观测数值的 1 后面加 120 个零那么多倍，这是科学史上理论预测和实际观测结果之间差异最大的一次，很明显，我们一定遗漏了什么东西！

暴胀是一种超快速的膨胀，它发生在宇宙诞生之初的一瞬间，是宇宙大爆炸基本理论的第三个补充要素。我们之所以需要暴胀，是因为宇宙背景辐射的温度在空间的各个方向上基本相同。然而，如果我们想象一下宇宙膨胀的过程，并像电影倒放一样反向模拟这个过程，就会发现当时间退回到接近宇宙大爆炸时，今天处于相同温度的那些区域并没有接触到一起——这意味着，自宇宙大爆炸至今所经过的时间，并不足以让任何东西来得及进入它们之间，哪怕这些东西的速度能达到光速。因此，当一个区域比另一个区域冷却得更快时，热量也来不及从高温区域传播到低温区域以平衡温度。

宇宙背景辐射不应该在每个地方都具有相同的温度，但事实上却具有相同的温度，如果相比我们幼稚的推断，早期宇宙实际上要小得多的话，这个问题就可以迎刃而解。在这个前提下，我们之前认为相距太远的区域就可以密切接触，使得温度的均衡成为可能。当然，如果宇宙在其初始阶段要小得多，那就意味着它的膨胀速度肯定也要比我们之前所推断的要快得多，这样它才能在138.2亿年的时间内膨胀到现在的规模。这种超快速的膨胀被称为暴胀。如果将哈勃膨胀类比成一个炸药的话，那么暴胀就相当于氢弹爆炸，而当暴胀的能量耗尽之后，宇宙才进入了更温和的哈勃膨胀。

人们认为暴胀是由真空的一个不寻常的高能状态驱动的。根据量子理论，真空的空间并不是空无一物的，而是在量子涨落的作用下充斥着能量：亚原子粒子和它们的反粒子在一瞬间突然出现，然后又突然消失。宇宙诞生之初所处的高能的，或者说暴胀的真空具有负引力，这导致了宇宙膨胀。而宇宙的膨胀又产生了更多的高能真空。想象一下，用手拿着一沓钞票并把它们摊开，此时你看到更多的钞票冒了出来。这就是暴胀真空所产生的作用。

更多的真空会带来更多的负引力，使得暴胀真空膨胀得越来越快。但是暴胀真空在本质上是不稳定的，在其中的各个角落，一些碎片会随机衰变为我们所熟悉的普通真空，就像在不断扩张的大海中形成的气泡一样。当这种衰变发生时，暴胀真空的巨大能量必须另有去处，它被用于创造物质并将其加热到猛烈的高温，它被用于创造许许多多个大爆炸宇宙。事实证明，我们就生活在持续暴胀的宇宙中的这样一个大爆炸气泡中。因此，在这幅图景中，宇宙大爆炸不是一次性的，而是像鞭炮一样在持续膨胀的暴胀真空中接二连三地响起。

暴胀理论的好处在于，它只需要一小块物质的种子就可以启动这一过程，也许只要一千克物质就够了，其他的一切都来自真空的能量，难怪物理学家们会把暴胀理论称为"终极免费午餐"。至于那一千克的物质从何而来，不要忘记，量子理论是允许物质从绝对的一无所有中产生的！

尽管暴胀理论能够解释在宇宙大爆炸的膨胀之前所发生的事情，但它也不可能是一直在进行的，它一定也存在一个起点。因此，物理学家们仍然需要面对稳态宇宙理论试图规避的那个棘手的问题：在这之前发生了什么？更严重的是，他们发现自己只是在宇宙大爆炸理论上随意地打了三个补丁，而这与大自然所喜欢的那种优雅的理论相去甚远。物理学家们强烈怀疑还存在一种更深入、更基本的宇宙学理论等待人们去发现,这种理论将能够把暴胀、暗物质和暗能量统一为一个更优美、更严密的实体。

# 术语表

**α 粒子：** 在不稳定原子核的放射性 α 衰变中辐射出的粒子，它由两个质子和两个中子结合而成，本质上就是氦原子核。

**反物质：** 由大量反粒子构成的物质。反质子、反中子和正电子可以结合成反原子，从理论上说，反恒星、反行星甚至是反生命都是可能存在的。尽管根据物理学定律，正物质和反物质应该各占一半，但我们似乎生活在一个完全由正物质构成的宇宙中，其中的原因是物理学最大的谜题之一。

**反粒子：** 每种亚原子粒子都有其对应的反粒子，反粒子具有相反的属性，比如电荷。举例来说，带负电的电子所对应的反粒子是带正电的正电子。当粒子和对应的反粒子相遇时，它们会自我毁灭并释放出高能光子，即 γ 射线，这一现象称为"湮灭"。

**β 衰变：** 不稳定原子核辐射出高速 β 粒子的过程。发生

β衰变后的元素会多出一个质子。

**β粒子：** 在β衰变过程中辐射出的电子。这个电子并不是原本就存在于原子核中的，而是在一个中子转变为一个质子的过程中被"制造"出来的。

**二进制：** 一种只使用0和1两个数码来表示数字的方法。在一个二进制数中，最右边一位数字表示1，左边一位数字表示2，然后是8、16，以此类推。例如，二进制数1101=1+(0×2)+(1×4)+(1×8)=13。

**玻色子：** 一种具有整数自旋的微观粒子，整数自旋是指其自旋只能为0单位、1单位、2单位这样的整数。玻色子的自旋特性使得它们容易抱团并表现出集体行为，激光、超流体和超导体都与它们的行为有关。

**规范玻色子：** 作用力的载体。电磁力的规范玻色子是光子，弱力的规范玻色子是$W^-$、$W^+$和$Z^0$，强力的规范玻色子是8种胶子。

**膜：** 在弦理论中，基本粒子是在十维时空中振动的质能"弦"，不同的振动就对应着不同的粒子。这一理论不但包含一维的弦，同时也允许存在二维、三维等更高维度的物体，这些被称为"2-膜""3-膜"等等（统称"p-

膜")。我们的宇宙可能就是一个 3-膜：即漂浮在十维时空中的一个三维的岛屿。

**守恒定律**：表示某种物理量永远保持不变的物理学定律。例如，能量守恒定律规定能量无法被创造也无法被消灭，只能从一种形式转化为另一种形式，就像汽油中的化学能可以被转化为汽车运动的动能。

**宇宙背景辐射**：宇宙大爆炸的"余晖"。难以置信的是，在宇宙大爆炸的 137 亿年之后，这种相当于零下 270 摄氏度的温和微波辐射依然遍布整个宇宙空间。

**宇宙射线**：来自宇宙空间的高速原子核，主要是质子。其中能量较低的来自太阳，而能量较高的则可能来自超新星爆发。甚高能宇宙射线的能量可以达到我们目前在地球上能产生的最高能量的数百万倍，它的起源是天文学的一大未解之谜。

**暗能量**：具有负引力的神秘物质。暗能量是在 1998 年被无意中发现的，它是不可见的，充满整个宇宙空间，可以促使星系相互远离从而加速宇宙膨胀。没有人知道暗能量到底是什么。

**暗物质**：宇宙中不发光的物质。天文学家们发现暗物质是因为这些不可见的物质所具有的引力会让可见的恒星和星系的运动轨迹发生弯曲。宇宙中暗物质的总量至少是可见物质的 10 倍。暗物质的真实身份依然是天文学的一个尚未解决的问题。

**退相干**：物体所具有的奇异量子性质消失的现象，不如说，它现在只能出现在一个地方而不能同时位于多个地方。当这个物体被外界"得知"时，就会发生退相干，这种"得知"的过程可能是一个光子或者一个空气分子撞击到了这个物体。由于桌子这样的宏观物体会持续受到光子或者空气分子的撞击，无法长时间保持与周围环境的孤立，因此它们会在很短的时间内立即丧失可以同时存在于多个地方的能力，这个时间非常短，以至于我们根本无法注意到。

**维度**：时空中的一个独立的方向。我们所熟知的世界具有三个空间维度（左右、前后、上下）和一个时间维度（过去和未来）。超弦理论要求宇宙具有额外 6 个空间维度，这些额外的维度和其他维度十分不同，因为它们是处于蜷缩状态的。

**电荷**：微观粒子所具有的一种属性，它分为正负两种。例如，电子具有一个负电荷，而质子具有一个正电荷。具有同种电荷的粒子会相互排斥，而具有异种电荷的粒子会相互吸引。

**电磁力**：大自然四种基本作用力之一。在所有常见物质中，电磁力负责将其组成部分绑定在一起，包括我们身体中的原子，以及我们脚下大地中的原子。

**电磁波**：一种包含周期性变化的电场和周期性变化的磁场的波，其中电场和磁场是交替出现的。电磁波是由电荷振荡产生的，它以光速在空间中传播。

**电子**：一种带负电的亚原子粒子，通常在原子中围绕原子核旋转。就目前所知，电子是一种基本粒子，无法被继续分割。

**电弱力**：大自然的两种基本作用力——电磁力和弱力的统一形式。这种力只存在于宇宙大爆炸的高能状态下，后来分裂成为我们现在所观察到的两种力。

**能量**：一种几乎无法被定义的物理量。能量既不能被创造也不能被消灭，只能从一种形式转化为另一种形式。能量的常见形式包括：热能、动能、电能、声能等等。

**量子纠缠**：两个或多个微观粒子交织的状态，这些粒子会丧失个体性，因此在很多方面表现出和单个实体一样的行为。

**费米子：**一种具有 1/2 自旋的微观粒子。1/2 自旋是指其自旋只能为 1/2 单位、3/2 单位、5/2 单位这样的非整数。费米子的自旋特性性使得它们容易相互避开，这种"社恐"的性质确保了原子得以存在，也确保了我们脚下的大地不会崩塌。

**载力粒子：**一种亚原子粒子，它的交换可以产生作用力，就像在两名运动员之间被来回击打的网球一样。例如，光子的交换会产生电磁力。

**基本作用力：**被认为可支配一切现象的四种作用力，它们是：引力、电磁力、强力和弱力。物理学家们强烈怀疑它们实际上只是一种超力的四个不同部分。实际上，实验已经证实电磁力和弱力实际上是同一枚硬币的两面。

**基本粒子：**所有物质的基本构件。目前，物理学家们认为共有 6 种不同的夸克和 6 种不同的轻子，它们加起来共有 12 种基本粒子。人们希望夸克其实只是轻子的不同形态。

**γ 射线：**光的最高能量形式，通常由原子核的自我重组产生。

**胶子**：强力的载力粒子。

**引力**：大自然四大基本作用力最弱的一种。牛顿的万有引力定律是对引力的近似描述，而爱因斯坦的引力理论——广义相对论——是对引力的精确描述。但是，广义相对论对于黑洞中心以及宇宙诞生时的奇点会失效。物理学家们目前正在寻找一种能更好描述引力的理论，这个理论被称为"量子引力"，它试图以引力子交换的形式来解释引力。

**引力势能**：一个物体因其在引力场中所处的位置而具有的能量。这种能量可以被转化成其他形式，例如，在水力发电站中水从高处流到低处的情况。

**引力波**：时空中荡漾的涟漪。引力波是由质量体的剧烈运动产生的，例如黑洞的合并。由于引力波十分微弱，因此它们还无法被直接探测到。

**霍金辐射**：黑洞事件视界附近产生的热辐射。霍金辐射是量子理论的结果，它的产生是由于虚粒子及其反粒子在真空中不断出现和消失，海森堡不确定性原理允许这一现象的发生。然而，在黑洞的事件视界附近，粒子-反粒子对中的其中一方有可能会落入黑洞中，而被留下的一方因无法发生湮灭而从虚粒子升级为实粒子，并以特定温度辐射的形式从黑洞中流出（需要承认的是，对于恒星级黑洞来说这一效应很弱）。

**海森堡不确定性原理：**量子理论中的一个原理，它规定对于一些成对的物理量，如粒子的位置和速度，是无法同时以绝对精度确定的。不确定性原理限制了我们对于这样一对物理量的产物所能认知的程度。在实践中，这意味着如果我们精确地知道一个粒子的速度，就无法知道它的位置；相对地，如果我们精确地知道它的位置，就无法知道它的速度。通过限制我们的认知程度，海森堡不确定性原理给大自然加上了一层模糊的滤镜。如果我们凑得太近，就只能看到一片模糊，正如凑近看时报纸上的照片就会变成一堆毫无意义的黑点。

**希格斯玻色子：**唯一一种不承载作用力的玻色子。希格斯玻色子是 2012 年在大型强子对撞机的质子对撞所产生的碎片中被发现的，它是希格斯场发生对称性自发破缺的产物。

**希格斯场：**一种遍布整个空间的能量场。宇宙大爆炸中希格斯场的对称性自发破缺创造了大自然的弱力，这是通过为弱力的载体——$W^-$、$W^+$ 和 $Z^0$ 赋予质量来完成的。与此同时，希格斯场也负责为物质粒子（费米子）赋予质量。

**干涉**：两个波相互叠加时发生的现象。当两个波的波峰重合时，波会被增强；当一个波的波峰与另一个波的波谷重合时，波会被抵消。

**离子**：失去或得到一个或多个核外电子的原子或分子，因此它带有一定数量的正电荷或负电荷。

**轻子**：一类基本粒子，包括电子和中微子，它们不受到强力的作用。

**光年**：一个用于方便表示宇宙中距离的单位。它表示光经过一年所走过的距离，大约相当于9.46万亿千米。

**局域规范对称性**：一种严格的对称性，大自然要维持这种对称性，就需要电磁力、弱力和强力。

**多重宇宙理论**：关于量子理论的一种观点，它认为量子理论可以描述一切，而不仅仅是原子及其组成部分的微观世界。由于量子理论允许一个原子同时处在两个位置，因此一张桌子也可以同时处在两个位置。根据多重宇宙理论，对于正在观察桌子的人，他的脑分裂成了两个——一个脑认为桌子在一个位置，另一个脑认为桌子在另一个位置。这两个脑分别存在于独立的现实或宇宙中。

**质能：** 能量最紧凑的形式。质能是能量最致密的形式，一克质量所包含的能量相当于100吨炸药。

**神经元：** 神经元是脑的基本构件，它是一种特化的细胞，可以向其他神经元、肌肉或腺体细胞传输电信号。

**神经递质：** 一种在神经元之间传递电信号的化学介质，它可以增强信号，也可以抑制信号。

**中微子：** 一种电中性的亚原子粒子，它的质量很小，因此可以以非常接近光速的速度运动。中微子几乎不与物质发生相互作用，但超新星爆发可以产生大量的中微子，它们也可以将恒星撕裂。

**中微子味道：** 中微子的三种表象。一个中微子实际上是电中微子、$\mu$中微子和$\tau$中微子的叠加态。

**中微子质量：** 三种中微子的质量大约为最轻的常见亚原子粒子——电子的十万分之一。标准模型规定中微子应该没有质量，而它们具有质量的原因尚不清楚。

**中微子振荡：** 在中微子传播的过程中，探测到每种味道的概率会持续发生变化，看起来好像是中微子在电中微子、$\mu$中微子和$\tau$中微子三种味道之间来回振荡。

**中子：**位于原子中心的原子核的两种主要构件之一。中子的质量和质子相当，但不带电荷。中子在原子核外是不稳定的，会在大约十分钟内解体。

**核子：**原子核两种构件——质子和中子的统称。

**核合成：**用较轻元素逐步构造出较重元素的过程，它发生在宇宙大爆炸中（即大爆炸核合成）以及恒星内部（即恒星核合成）。

**泡利不相容原理：**该原理不允许两个微观粒子（费米子）处于相同的量子态。泡利不相容原理不允许电子（它是一种费米子）相互叠加，这能够解释为什么存在各种不同的原子以及为什么我们身边的世界如此丰富多彩。

**光子：**光的粒子。

**等离子体：**由离子和电子组成的带电气体。

**正电子：**电子的反粒子。

**质子：**原子核中一种带正电的亚原子粒子，它的质量约为电子的 2000 倍。

**量子：** 事物能够被分割的最小的一份。例如，光子就是电磁场的量子。

**量子宇宙学：** 量子理论在整个宇宙尺度上的应用。由于宇宙曾经比一个原子还小，因此我们需要使用量子理论来研究宇宙在大爆炸中诞生的过程。

**量子电动力学：** 描述光与物质相互作用的理论。它解释了日常世界中几乎所有的现象，从为什么我们脚下的大地如此坚固，到激光的工作原理，从新陈代谢的化学反应，到计算机的运算。

**量子场论：** 这种理论将所有基本粒子描述为空间中底层能量场的扰动，或者说"激发"，这种激发的值是离散的，或者说"量子化的"。由于场的扰动的传播速度不能超过光速，因此量子场论能够同时兼容量子理论和爱因斯坦的狭义相对论。

**量子涨落：** 由海森堡不确定性原理所允许的，能量在真空中凭空出现的现象。这种能量是以虚粒子的形式存在的。

**量子数：** 一个描述以一份一份的形式存在的某种微观属性的数，例如电子的自旋或者轨道能量。

**量子概率：** 某种微观事件发生的概率。尽管大自然不允许我们准确地知道某件事，但却允许我们准确地知道概率。

**量子叠加：** 原子等量子体同时处于多个状态的情况，比如同时处在多个位置。量子叠加中每种状态之间的相互作用，或者说"干涉"，就是所有奇异量子特性产生的基础。退相干会阻止这样的相互作用，因此可以消除量子行为。

**量子理论：** 描述原子及其组成部分的微观世界的理论。偏好多重宇宙解释的物理学家认为量子理论也可以描述大尺度的世界。

**量子隧穿：** 微观粒子能够脱离某个封闭空间的奇妙能力。例如，α粒子可以以隧穿的方式脱离原子核的束缚，相当于一名跳高运动员越过一堵4米高的墙。量子隧穿也是微观粒子波动性所产生的结果。

**量子不可预测性：** 微观粒子的不可预测性。微观粒子的行为在理论上是不可预测的。相比之下，抛硬币的不可预测性只在实践上成立，而在理论上，只要我们知道硬币的形状、受力情况以及周围气流的情况等信息，我们就能预测抛硬币的结果。

**量子真空：** 真空空间的量子描述。真空并不是空无一物的，而是充斥着寿命极短的微观粒子，海森堡不确定性原理允许它们突然出现然后突然消失。

**夸克：** 构成物质的基本粒子，它们之间通过强力发生相互作用。夸克以三个一组的形式构成质子和中子。

**量子比特：** 计算机中"比特"的量子版本。一个普通比特可以表示一个 0 或 1，而一个量子比特可以处于 0 和 1 的量子叠加态，这意味着它可以同时表示 0 和 1。

**广义相对论：** 爱因斯坦对其狭义相对论的推广。广义相对论描述的是当一个人观察另一个人相对于自己做加速运动时的样子。由于加速运动和引力是无法区分的（等效原理），因此广义相对论也是一种关于引力的理论。

**相对性原理：** 当多个观察者相对于彼此以匀速运动时，他们所观察到的所有物理定律都是相同的。

**狭义相对论：** 爱因斯坦的理论，它描述的是当一个人观察另一个人相对于自己做匀速运动时的样子。狭义相对论指出，相对于其他物体来说，处于运动状态的人会在其运动方向上被挤扁，其时间也会变慢，而且速度越接近光速，这一效应就越明显。

**薛定谔方程：** 表示能以概率波（波函数）来描述的行为的方程。例如，亚原子粒子随时间所发生的变化。

**时空：** 在广义相对论中，空间和时间在本质上是相同的，于是它们可以被认为是同一个实体——时空。时空的弯曲就是引力。

**谱线：** 原子和分子会以特定波长吸收和发射光。如果吸收的光比发射的光多，那么就会在天体光谱上形成一条暗线，相对地，如果发射的光比吸收的光多，那么就会形成一条亮线。

**自旋：** 一种无法用日常概念类比的物理量。粗略地说，具有自旋的亚原子粒子会表现得像一个微小的陀螺（只不过它并没有真的在旋转）。

**标准模型：** 一种关于基本粒子以及它们如何与三种基本作用力（电磁力、弱力和强力）产生相互作用的理论。

**弦理论：** 一种主张宇宙的基本构件是微小的物质弦的理论。这些弦在十维时空中振动。这一理论有希望将量子理论和广义相对论进行统一。

**强力：** 一种作用距离短但强度很高的作用力，它负责让夸克结合起来构成质子和中子,也负责让质子和中子结合起来构成原子核。

**亚原子粒子:** 比原子小的粒子,例如电子、中子等。

**对称性:** 表示当一个物体以某种形式发生变换时,其某些性质是保持不变的。例如,一个人的脸通过镜子反射之后保持不变,这体现了"镜面对称性"。

**热力学第二定律:** 规定熵不能发生减少的定律。它等价于热量不能从低温物体流向高温物体。

**3氦过程:** 在恒星中三个氦原子核结合成一个碳原子核的过程,这一过程很难发生,但它是合成所有重元素的起点。

**波函数:** 包含一个量子体(如原子)所有可知属性的数学实体。根据薛定谔方程,波函数随时间变化。

**波长:** 波在一个完整振荡周期中所走过的距离。

**波粒二象性:** 亚原子粒子能同时表现出像小球一样的粒子的性质和向外传播的波的性质。

**弱力：** 原子核中的质子和中子除强力外所受到的第二种作用力。弱力可以将中子转化为质子，因此它可以参与β衰变。

**X射线：** 一种高能形式的光。

# 推荐阅读

**《重塑杏仁核：情绪修复脑科学》**

- 揭示焦虑根源，轻松掌控生活不焦虑。作者以科学的视角，详细介绍了杏仁核在情绪生成、处理和记忆中的作用，帮助读者认识到杏仁核在情绪调节中的重要性。
- 从大脑出发，掌握情绪管理的艺术。作者提出了一系列实用的情绪修复策略，如深呼吸、想象放松、渐进式肌肉放松、理解触发点、暴露疗法等。

**《一本书读懂 AIGC 提示词》**

- 本书对 AIGC 提示词进行了全面而系统的介绍，覆盖了文本生成、图像生成、代码生成等多个场景，为读者提供了全面的知识体系。
- 书中不仅有理论分析，还提供了许多场景的实际操作案例，内容清晰易懂，实操性强，能够帮助读者更好地掌握 AIGC 提示词的应用。

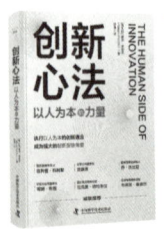

**《创新心法：以人为本的力量》**

- 本书深入探讨了创新的本质，强调创新不仅是技术或产品的突破，更是一种对人类需求的深刻理解与满足。
- 本书通过丰富的案例和理论分析，展现了如何在个人生活和商业活动中实践以人为本的创新思维，如何将创新融入企业文化，以及如何培养具有远见卓识、独特视角和敏锐直觉的"独角兽"型创新者。